Heday Seyed-Ashraf · Elam

AF211005

Das vorliegende Buch befasst sich mit dem fast unbekannten Reich Elam und dessen Metropole Susa, Namen, die mehrfach in der Bibel vorkommen.

Im Buch Daniel (8,2) widerfuhr dem Propheten eine Vision »in der Festung Susa im Lande Elam, am Fluß Ulai«.

Von der früheren Weltstadt Susa ist lediglich ein Schuttberg übriggeblieben, der sechstausend Jahre Geschichte in sich birgt. Neben der Geschichte werden Bereiche Religion, Recht, Sprache, Schrift und Kunst von Elam behandelt.

Heday Seyed-Ashraf

Elam

Eine alte Kultur im Iran

Bibliografische Information der Deutschen Nationalbibliothek:
Die Deutsche Nationalbibliothek verzeichnet diese Publikation in der Deutschen
Nationalbibliografie; detaillierte bibliografische Daten sind im Internet über
< http://dnb.d-nb.de > abrufbar.

Meiner Frau und meiner Tochter gewidmet

Umschlagrückseite: Akropole von Susa, im Hintergrund das Grabungshaus.
Foto: Agnès Spycket.

© 2008 Heday Seyed-Ashraf
Satz und Layout: Buch&media GmbH, München
Umschlaggestaltung: Kay Fretwurst, Spreeau
Herstellung und Verlag: Books on Demand GmbH, Norderstedt
Printed in Germany
ISBN 978-3-8334-7336-4

Inhalt

Vorwort

Im Jahre 1931 erschien die in deutscher Sprache abgefasste »Geschichte Elams« von Friedrich Wilhelm König.

Mit »History of Early Iran« von George G. Cameron folgte fünf Jahre später eine umfassende Beschreibung der elamischen Geschichte. 1968 erfolgte die Neubearbeitung dieses Werkes.

1964 verfasste Walter Hinz das Buch »Das Reich Elam«, in dem außer der Geschichte auch die Bereiche Sprache, Schrift, Religion, Recht und Kunst behandelt werden.

Die von Friedrich Wilhelm König aus dem Elamischen übersetzten Inschriften der elamischen Könige erschienen 1965 unter dem Titel: »Die elamischen Königsinschriften«.

Das im Jahre 1966 veröffentlichte Werk »Elam« von Pierre Amiet beschäftigt sich ausführlich mit der elamischen Kunst und mit den sich hauptsächlich im Louvre-Museum befindenden Kunstwerken von Elam.

In »Elam, Survey of Political History and Archaeology« aus dem Jahre 1984 werden die elamische Archäologie von Elisabeth Carter und die elamische Geschichte von Matthew W. Stolper unter Einbeziehung der bis dahin verfügbaren schriftlichen Materialien und überlieferten Befunde behandelt.

Das von Walter Hinz und Heidemarie Koch erarbeitete elamische Wörterbuch erschien im Jahre 1987. Es erfasst den bis zu dessen Niederschrift bekannten Wortschatz der elamischen Sprache.

»Suse, 6000 ans d'histoire« von Pierre Amiet aus dem Jahre 1988 befasst sich ausführlich mit der elamischen Metropole und deren Kunstwerken.

Aufgrund des regen persönlichen Interesses und im Zusammenhang mit der Besichtigung der historischen Stätten Susa und Chogha Zanbil in den Neunzigerjahren kam mir die Idee zur Niederschrift dieses Buches, wobei versucht wurde, die in der Literatur vorhandenen Kenntnisse über Elam und dessen Kultur zusammenzufassen.

Mein Dank gebührt Axel Arps für das kritische Durchlesen des Manuskriptes.

Hamburg, im November 2007
Heday Seyed-Ashraf

Allgemeines

Am Anfang der kulturellen Entwicklung im Alten Orient standen zwei Völker: Sumerer und Elamer. Die Namen des Landes Elam und der Stadt Susa kommen mehrere Male in der Bibel vor. So wird beispielsweise an einer Stelle (1. Mose, 14) ein König von Elam, Kedor-Laomer, erwähnt, und zwar als einer der vier Könige, gegen die Abraham mit einer Gruppe von dreihundertundachtzehn Mann kämpfte.

Laut V. Christian wird in der Überlieferung der späteren Babylonier der Name Kuter-Nahunte mit Kedorla'omer (»Kutur-Lagamar«) zusammengebracht (1).

Ein elamischer König mit dem Namen Kuter-Nahunte I regierte in der Zeit um 1730 v. Chr. (s. Kapitel »Elamische Geschichte«).

Die damalige Metropole Susa trägt heute den Namen Shush; sie liegt am Shaur, einem Nebenarm des Flusses Karkheh, den die Elamer Ulai nannten. Die Stadt beherbergt das Mausoleum, das die Überlieferung als das Grab Daniels bezeichnet. Im Buch Daniel (8,2) widerfuhr dem Propheten Daniel eine Vision: »In der Festung Susa im Lande Elam, am Fluss Ulai«.

Von der früheren Weltstadt Susa ist heute ein Schuttberg mit einer Länge von ca. 1500 Meter und einer Höhe von bis zu 38 Meter übrig geblieben, der die Reste von mehreren Tausend Jahren Geschichte in sich birgt. Die Trümmer von Susa liegen über vier wichtige Hügel verstreut (Abb. 1):
a) Akropole – war die Residenz der elamischen Könige
b) die sogenannte Königsstadt (Ville Royale) – gilt als die eigentliche frühere Stadt Susa
c) Apadana, worauf einst der Palast von Darius dem Großen stand
d) die sogenannte Stadt der Handwerker (Ville des artisans)

Die Umgebung von Susa ist mit Schutthügeln übersät, die frühere Siedlungen unter sich begraben und geschichtliche Überreste in sich bergen. Zu nennen sind u. a.:
a) Tepe Djaffarabad, 7 Kilometer nordöstlich von Susa*
b) Tepe Djowi, 10 Kilometer nordöstlich von Susa*
c) Tepe Bendebal, 11 Kilometer nordöstlich von Susa*
d) Tepe Buhallan, 11 Kilometer östlich von Susa
* besiedelt um 5. und Anfang des 4. Millenniums v. Chr. (2); (s. Abb. 2)

e) Tepe Sharafabad, 15 Kilometer nordöstlich von Susa, bewohnt in der Zeit zwischen 5500 und 2800 v. Chr. (3)

Weiter entfernt von Susa befinden sich u. a.:

f) Haft Tepe (Sieben Hügel), 20 Kilometer südöstlich von Susa
g) Chogha Mish (Schafshügel), 30 Kilometer östlich von Susa, gegründet um 6000 v. Chr. (4)
h) Chogha Zanbil (Korbhügel), 40 Kilometer südöstlich von Susa
i) Dehe nou (elamisch: Hupshen), 40 Kilometer südöstlich von Susa
j) Tepe Musyan, 95 Kilometer nordwestlich von Susa
k) Ali-Kosh, 100 Kilometer nordwestlich von Susa, besiedelt seit 7000 v. Chr. (5)
l) Tepe Sabz, 115 Kilometer nordwestlich von Susa (2)
m) Tall-e Malian (elamisch: Anzan) in der Provinz Fars, gegründet um 3000 v. Chr. (4)

Obwohl neben diesen Orten auch an vielen anderen Stellen bereits Ausgrabungen stattgefunden haben, besteht an Fundorten von geschichtlicher Bedeutung kein Mangel.

Ausgrabungen in Elam und in der Metropole Susa (4)

Der britische Geologe und Archäologe W. K. Loftus begann 1850 mit der Ausforschung und Vermessung des Schuttberges von Susa. Im Jahr 1857 schrieb W. K. Loftus, dass es vom geschichtlichen Standpunkt gesehen wenige Orte im Osten gebe, denen mehr Interesse gebührt als Susa (6).

Ausgestattet mit bescheidenen Mitteln führte der Franzose Marcel Dieulafoy, Ingenieur von Beruf, zusammen mit seiner Frau Jane von 1884 bis 1886 Ausgrabungen in Susa durch.

Im Jahr 1889 folgte der französische Geologe und Prähistoriker Jacques de Morgan; ihm gelang es 1894, die »Französische Delegation im Iran« zu organisieren, die mit ausreichenden Mitteln zum Zwecke der Ausgrabungen ausgestattet war.

Von 1908 bis 1946 übernahm Roland de Mecquenem die Fortführung der Arbeiten in Susa. Die bis dahin ausgeführten Ausgrabungen wurden nach einer alten archäologischen Technik vorgenommen, die erhebliche Schäden an der Bausubstanz der historischen Ruinen verursachte. Erst ab 1946 konnten die Ausgrabungen in Susa und Chogha Zanbil von Roman Ghirshman, der bereits mit Forschungsarbeiten in Tepe Giyan und Tepe Sialk begonnen hatte, mit einem sichereren Verfahren fortgesetzt werden.

Im Jahr 1968 fand die Ablösung durch Jean Perrot statt, der sich für die Präzisierung der Bereiche einsetzte, die bis dahin in der archäologischen Geschichte von Susa im Dunkeln verblieben waren. Die Ausgrabungen der Phase des ersten vorchristlichen Jahrtausends in Susa wurden dann von Pierre de Miroschedji fortgesetzt.

Weitere Ausgrabungen in Susiana wurden von G. Dollfus in den vorgeschichtlichen Siedlungen Djaffarabad, Djowi und Bendebal durchgeführt.

Umfangreiche Ausgrabungsarbeiten erfolgten durch P. Delougaz und H. J. Kantor in Chogha Mish und durch E. O. Negahban in Haft Tepe.

Weiter östlich von Susa wurden Ausgrabungen in Tepe Yahya unter der Leitung von C. C. Lamberg-Karlowsky und in Sistan von der italienischen Mission sowie in Beluchestan von B. de Cardi vorgenommen.

Louis Le Breton stellte die Stratigrafie von Susa und Umgebung für den Zeitraum zwischen dem fünften und dem späten dritten vorchristlichen Jahrtausend in großen Zügen dar. Während Alain Le Brun die Stratigrafie der Akropole I in Susa für das späte fünfte bis zum frühen dritten vorchristlichen Jahrtausend festlegte, stellte E. Carter die Stratigrafie im Süden von Ville Royale für das gesamte dritte vorchristliche Jahrtausend auf. Lotungen an mehreren kleineren Stellen in Susiana haben nach E. Carter gezeigt, dass es dort Ansiedlungen gab, die bis in das achte vorchristliche Jahrtausend zurückgehen, als erste Versuche der Pflanzenzüchtung und der Domestizierung von Tieren stattfanden.

Landesbezeichnung

Das Wort Elam kommt aus dem Akkadischen und bedeutet »oben«. Die Sumerer schrieben Elam mit dem Wortzeichen NIM, was ebenfalls »oben« bedeutet.

Für die Bewohner des Zweistromlandes lag das eigentliche Elam nicht in Susiana, sondern »oben« in den Bergen. Elamer nannten ihr Land *hatamti* (7). Laut W. Hinz schrieben sie den Namen ihres Landes in Keilschrift-Silben hal-tamti, was laut Verfasser möglicherweise Hal-tampt ausdrücken soll; für hal = Land und tampt = (gnädiger) Herr (8).

Geografische Lage

Das elamische Territorium (Abb. 2 und 2a) umfasste das im Südwesten des heutigen Iran befindliche Flachland Susiana mit einer Fläche von ca. 42 000 Quadratkilometer (heutige Provinz *Khuzistan*) und die im Nordwesten, Norden und Nordosten gelegene Zagros-Hochebene (*Lorestan* und *Bakhtiaran*). Die Abbildung 3 zeigt die bewohnte Fläche Susianas im Verlauf der Geschichte.

Die Verbindung von Flachland und Hochebene war, wie es die elamische Geschichte zeigt, für die Existenz des Landes von entscheidender Bedeutung. Wahrscheinlich sind jahrhundertelange Anstrengungen nötig gewesen, um das susische Volk und das nomadische Hirtenvolk des Berglandes in einem Bundesstaat zu vereinigen.

Wer waren die Elamer?

Über die ethnologische Zugehörigkeit der Bevölkerung des alten Elams ist laut V. Christian wenig bekannt (9). Die Elamer waren weder Semiten noch Indogermanen und haben auch nichts mit dem alten Kulturvolk der Sumerer zu tun, so R. Mayer (10). Es ist laut W. Hinz (8) schwierig, Elamer völkerkundlich einzuordnen. Eine Verwandtschaft mit anderen Völkern hat sich laut Verfasser bisher nicht nachweisen lassen.

Auf Rundplastiken und Reliefs aus der Djemdet-Nasr- und Lagash-Periode, die aus Susa stammen, sind Menschen dargestellt, die vom Typ her ein fast europäisches Aussehen zeigen (9, 10). Auf der Siegessäule Naram-Sins sind die östlichen Gebirgsbewohner aus Lulubbu und deren Nachbarn dargestellt, vermutet V. Christian (laut R. Mayer mit Recht). Sie tragen einen Zopf und ihre Gesichtszüge erinnern an die von Europäern (so V. Christian). Eine gewisse Ähnlichkeit der dargestellten Personen mit Europäern lässt sich laut R. Mayer auch bei weit jüngeren elamischen Denkmälern feststellen.

Die Bevölkerung Elams war nicht einheitlich. Im Laufe der Zeit änderte sich die ethnische Zusammensetzung infolge der Einwanderung von Semiten im Süden (Tiefland Susiana), die seit Beginn des fünfundzwanzigsten vorchristlichen Jahrhunderts in Schüben erfolgte, und im geringeren Maß infolge der Einwanderung der Iraner im Norden (Lorestan und Bakhtiaran) ab dem zehnten vorchristlichen Jahrhundert (8).

Die Gesellschaft

Die Elamer waren ein Volk von unverwechselbarer Eigenständigkeit. Diesen Eindruck bekommt man, je mehr man sich in die Quellenbelege vertieft. In der Literatur wird das Beharrungsvermögen der Elamer immer wieder betont. Dies gilt gleichermaßen für ihre Religion, Sprache und nicht zuletzt die Art und Weise, wie das Land regiert wurde.

In der ersten elamischen Urkunde aus dem Jahre 2260 v. Chr. werden im Vertrag mit Naram-Sin fast sämtliche Gottheiten aufgeführt, die auch beim Sturz des Reiches um 640 v. Chr. das elamische Pantheon ausmachten. Im Leben der Elamer spielte die Religion eine alles beherrschende Rolle.

Auch wenn die elamische Religion einige Züge trägt, die sie mit dem benachbarten Zweistromland verbindet, ist sie etwas unverwechselbar Besonderes, Eigenständiges, so W. Hinz (11). Zu diesem Besonderen gehören eine außerordentliche Bevorzugung und Hochschätzung des Ewig-Weiblichen und eine in Urgründen wurzelnde Verehrung für die Schlange. Die Schlange ist geradezu ein Leitmotiv elamischer Kultur. Das elamische Fruchtbarkeitssymbol zweier sich paarender Schlangen ist laut Verfasser bis nach Ägypten gedrungen.

Elamer glaubten an ein Leben nach dem Tod. Aus den Inschriften geht hervor, dass die Göttinnen Ishnikarab und Lagamal (bzw. Lagamar) im Jenseits die Verstorbenen in Empfang nehmen. In einer Inschrift heißt es (11): »Sie haben den Pfad eingeschlagen, sie gehen ihres Weges. Ishnikarab und Lagamal kommen ihnen entgegen ... Inshushinak kündet in der Gruft seinen Spruch!«

Aus einigen Dokumenten geht hervor, dass die Ausübung religiöser Handlungen mit Musikdarbietung einherging. In einer Prozession aus der zweiten Hälfte des vierten vorchristlichen Jahrtausends wird auf einem Tragstuhl das Standbild eines Gottes durch die Stadt getragen; vor dem Standbild sitzt ein Mann, der auf einem Musikinstrument spielt (11).

Vor dem Portal des Tempels Inshushinak sangen und spielten morgens und abends Musikanten, die von König Kutir-Inshushinak (um 2250 v. Chr.) besoldet wurden.

Auf dem Relief des Fürsten Hanna (um 710 v. Chr.) in Kule-Farah bei Izeh werden drei Musikanten mit Harfe, Leier und Flöte gezeigt, die eine Opferzeremonie begleiten.

Auch die elamische Sprache hat sich über Jahrtausende in bewundernswerter Weise, so W. Hinz, wenig verändert. Berücksichtigt man den Lautwandel von frühem U zu spätem I, so lässt sich das Altelamische über das Mittelelamische meist ohne Schwierigkeit an das Neuelamische anschließen.

In einer Inschrift von Siwe-palar-huhpak um 1768 v. Chr. tauchen elamische Wendungen auf, die sich sechshundert Jahre später ohne jede sprachliche Veränderung in der Inschrift von Shilhak-Inshushinak wiederfinden.

Vom Alltagsleben der Elamer und Elamerinnen in alter Zeit geben Abbildungen auf Rollsiegelabdrücken aus der Bronzezeit (um 3100 v. Chr.) Auskunft. Männer sieht man als Fischer, Bauern, Hirten und Handwerker in Werkstätten bei der Herstellung von Baumaterial. Siegelbilder aus dieser Zeit zeigen Frauen bei der Ausübung der täglichen Aktivitäten wie Weben, Spinnen, Töpfern, aber auch beim Musizieren und Tanzen. Musikinstrumente bestanden aus Trommeln, Flöten, Rasseln und Saiteninstrumenten (13).

Die Rechte und Aktivitäten der Frauen waren keineswegs auf den häuslichen Bereich beschränkt. Wie die Männer zeichneten sie Dokumente ab, führten Geschäftstätigkeiten aus, erbten und vererbten Vermögen und brachten Prozesse vor das Gericht (s. Kapitel »Das Rechtssystem«).

Das Strafrecht in Elam war höchst streng, nach elamischer Auffassung hatte ein Verbrecher den göttlichen Schutz verwirkt.

In Elam befand sich das Land nicht im Staatsbesitz und der Handel lag in den Händen privater Kaufleute. Laut É. Cuq (14) gab es in Susa Kapitalisten. Zur Belebung der Wirtschaft versorgten sie den Markt mit den notwendigen Geldmitteln. Die von ihnen mit der Ausführung der Geschäfte beauftragten Personen waren, wie aus den in Dokumenten festgehaltenen Klauseln hervorgeht, bei der Ausübung ihrer Tätigkeit unabhängig. Der Kapitalist durfte sich in die Handlungen seines Bevollmächtigten nicht einmischen.

Was die Ökonomie des Landes betrifft, so war diese, verglichen mit seinen Nachbarn, in guter Verfassung. Die Verbindung zwischen Susiana und dem nördlichen Hochland stellte die ideale Voraussetzung für eine florierende Wirtschaft dar. Während in Susiana in der Hauptsache landwirtschaftliche

Produkte hergestellt wurden, kamen aus dem Hochland Metalle, Steine und Hölzer.

Die reichen Erzvorkommen im elamischen Bergland waren einer der Hauptgründe für die kriegerischen Auseinandersetzungen zwischen Mesopotamien und Elam. Schon im Epos von »Enmerker und der Herr von Aratta« verlangte der sumerische Held von dem Herrscher von Aratta wiederholt die Lieferung wertvoller Metalle und Lasursteine (15). Der Standort von Aratta wird im Osten des Iran vermutet.

Aus Anzan bezogen die Sumerer und später die Babylonier auf Handelswegen ihr Bauholz; ihre Erze wie Silber, Kupfer, Blei und Zinn; ihre Steine wie Marmor, Basalt, Alabaster, Obsidian, und Aragonit sowie ihre Halbedelsteine wie Hämatit, Lasurstein und Karneol (8).

Die Ausgrabungen in Susa haben gezeigt, dass es im nördlichen Wohnviertel der Stadt während des zweiten Jahrtausends v. Chr. ein ausgebautes Straßennetz gab.

Die Bauart der elamischen Häuser war den klimatischen Verhältnissen angepasst. Der Empfangs- bzw. Aufenthaltsraum war in der Regel mit vier Stützpfeilern versehen. Die Bedachung des Raumes erfolgte mit einem Gewölbe, das eine Spannweite von bis zu fünf Metern erreichen konnte. Durch eine große, in der Mitte der Längsseite des Empfangsraumes angebrachte Tür gelangte man zum Haupthof des Hauses, der meistens mit Fliesen belegt war. Die Häuser der reichen Leute in Susa besaßen mehrere Höfe. Um diese Höfe gruppierten sich die Räume für die Eltern, für weitere Familienmitglieder und Hausangestellte sowie die Küchenräume.

Die Abbildungen 4 und 5 zeigen die Grundrisse der Häuser in der Anfangsphase der Sukkalmah-Epoche, um die ersten Jahrhunderte des zweiten vorchristlichen Jahrtausends. Das Haus in Abbildung 5 ist ein großes Anwesen, fast ein kleiner Palast, der wie die meisten Häuser dieser Art mit vier Stützpfeilern (2,0 x 0,6 m) ausgestattet ist.

Die Eigentümlichkeit der elamischen Architektur blieb laut R. Ghirshman (16) nach dem Ende der elamischen Zivilisation bestehen. Laut Verfasser zeigt der Bau des Königspalastes von Perserkönig Darius dem Großen in Susa Züge elamischer Kultur, die der klimatischen Besonderheit von Susa Rechnung tragen. Zeugnisse elamischer Architektur sind Ghirshman zufolge bis zur Regierungszeit des Sassanidenkönigs Shahpur II um 350 n. Chr. beim Bau des Palastes »Iwane-Karkheh« 20 Kilometer nördlich von Susa nachweisbar.

Klima und Landwirtschaft

Das Zusammenfallen einer Reihe begünstigender klimatischer, geografischer und biologischer Voraussetzungen führte bereits in vorgeschichtlicher Zeit dazu, dass sich die Menschen die Erde für die Tierzucht und Landwirtschaft zunutze machten. Die Notwendigkeit zur Beherrschung der Natur brachte die Entstehung der ersten Siedlungen und Dörfer mit sich. So wurde in Ali-Kosh, 100 Kilometer nordwestlich von Susa, eine Siedlung entdeckt, die auf 8000 Jahre v. Chr. zurückgehen könnte (4).

Die Anwendung des Feuers half zur Verbesserung der Bodenqualität. So wurden in Ali-Kosh laut J. Pullar (17) große Anhäufungen von Asche in unteren Erdschichten gefunden.

Durch die empirische Auswahl von Getreidesorten entstand das essbare Getreide. Die Erscheinung von kultiviertem Unkraut im Zeribar-Pollen-Diagramm (Abb. 6), der Gebrauch des Feuers und die Verbreitung von Wildgetreide weisen auf eine lange Experimentier- und Anpassungsphase hin, die schließlich zur Erzeugung von Getreide als Grundnahrungsmittel führte. Dies geschah nach J. Pullar im elften Millenium in Palästina und im achten Millenium in Elam.

Allem Anschein nach waren Weizen und Gerste die ersten Getreidearten, die im Nahen Osten verzehrt wurden. Wie aus der Tabelle 1 hervorgeht, wurden in Ali-Kosh um 7000–6500 v. Chr. landwirtschaftliche Erzeugnisse wie Einkorn, Emmer und Wildgerste als Nahrungsmittel produziert.

Die Trocknung von Getreide zum Zwecke der langfristigen Lagerung wurde, so scheint es, von Beginn an praktiziert. So wurden laut J. Pullar Trocknungsöfen in Ali-Kosh und anderen Orten im Nahen Osten wie Cayönü und Hacilar im Süden der heutigen Türkei gefunden.

Der Reichtum an Wasser im Flachland Susiana, das von den drei Flüssen Karkheh, Dez und Karun durchströmt wird, bot die Grundlage für eine prosperierende Landwirtschaft. Im Altertum war die Susiana-Ebene dank der Errichtung von Bewässerungsanlagen bedeutend fruchtbarer als heute, sie war eine Art Korn- und Fruchtkammer für das gesamte Umland.

Ab der zweiten Hälfte des zweiten vorchristlichen Jahrtausends nahm die landwirtschaftliche Produktion infolge der ständigen exzessiven Ausbeutung des Bodens und dessen allmählicher Versalzung ab (18). Hinzu kam, dass einige aufeinanderfolgende Perioden der Trockenheit auftraten, und dies in einer Epoche, in der sich eine ungünstige klimatische Veränderung vollzog, die eine jahrhundertelange Klimaerwärmung mit sich brachte (19).

Nach R. Mayer (10) könnte die weitgehende Entwaldung der Gebirgsregion Poshte-Kuh im Nordwesten Elams ein Grund für die Klimaverschlechterung in Susiana gewesen sein. Als weiteren Grund für den Rückgang der landwirtschaftlichen Produktion in Susiana hält der Verfasser es für möglich, dass das ursprünglich vorhandene Netz von Bewässerungsanlagen, das dem Flachland eine außerordentliche Fruchtbarkeit verliehen hatte, im Laufe der Jahrhunderte in Folge der Kriege stark beschädigt wurde.

Die Bewässerungsanlagen sind später von Sassaniden-Königen (224 bis 638 n. Chr.) durch Staudämme erweitert worden. Zu deren Bau wurden seinerzeit römische Kriegsgefangene eingesetzt (8).

Religion

Elamische Texte beinhalten die Namen von mehr als hundert Göttinnen und Göttern. Als ältestes religiöses Symbol, vor allem in der Bergregion von Susiana, galt der »Herr der Tiere«. Dokumente aus der Mitte des vierten vorchristlichen Jahrtausends zeigen dieses mythologische Symbol als Herrscher und Schützer der dort dargestellten Tiere. Andere Motive aus dieser Epoche zeigen den »Herrn der Tiere« mit Hörnern als Zeichen der Macht beim Bändigen von Löwen oder großen Schlangen. Der »Herr der Tiere« ist laut P. Amiet die älteste mythologische Figur im Orient (20).

Elamische Götter

An der Spitze des elamischen Pantheons stand eine Göttin. Dies zeigt die Bevorzugung des Ewig-Weiblichen und deutet laut W. Hinz auf mütterrechtliche Verhältnisse unter den Anhängern der elamischen Religion hin (21).

Ganz oben auf der Liste der elamischen Gottheiten fand sich die Göttin Pinigir. Der Vertrag Elams mit dem akkadischen König Naram-Sin (2254 bis 2218 v. Chr.) beinhaltet 37 Gottheiten und beginnt mit dem Namen Pinigir. Aus diesem Vertrag geht hervor, dass elamische Gottheiten im Laufe der Geschichte bis zum Sturz von Elam im Jahr 640 v. Chr. unverändert blieben; das gilt jedoch nicht für deren Rangordnung.

Während Pinigir die Göttermutter von Susiana und dem nördlichen Bergland darstellte, galt Kiririsha als Göttermutter im Süden am Persischen Golf im Gebiet von Liyan (*Bushehr*). Das östlich von Susiana gelegene Gebiet Anzan hatte die Göttermutter Parti. Die dreifache »Göttermutter« erklärt sich aus der geschichtlichen Entwicklung Elams und spiegelt die bundesstaatliche Gliederung des Landes wider. Diese drei großen Göttinnen führten noch im dritten vorchristlichen Jahrtausend unangefochten den elamischen Götterkreis an.

Im Laufe des zweiten vorchristlichen Jahrtausends kam es zu einer Abschwächung des Mutterrechts und zur Bevorzugung des Mannes. An der Spitze des Pantheons stand so der Gott Humban; zusammen mit Kiririsha und Inshushinak (Herr von Susa) führte diese Dreiheit jetzt den elamischen Götterkreis an.

Zu den elamischen Gottheiten zählt auch der Gott Hutran, der aus der Ehe zwischen Humban und Kiririsha hervorgegangen ist. Weiterhin zählen dazu Ishnikarab und Lagamar, beide Göttinnen der Unterwelt, die dort den Toten entgegenkommen. Ishnikarab ist die Gehilfin von Inshushinak (der Herr des Totenreiches) im Jenseits, in dem gerichtet wird.

Weitere Gottheiten sind u. a. Nahunte, der Sonnengott (zuständig für Handel); Napir, der Mondgott; Narunte, die Siegesgöttin; Shazi, der Flussgott; Adad, der Wettergott und Kilahsupir, die Gottheit des Feuers.

Auf einem Siegel von Eshpum, dem Gouverneur von Susa um 2260 v. Chr., werden drei Götterpaare gezeigt, die im Duell gegeneinander kämpfen. Dabei gibt es als Zeichen des Gleichgewichts weder Sieger noch Verlierer (22).

Gestirne, Naturgewalten und das Meer wurden von den Elamern vergöttlicht. Irdische Güter galten als Gabe der Gottheit. Unter den Tieren galten Schlangen und Gebirgsschafe als besonders heilig.

Mit Hörnern ausgestattete Tempel

Die Abbildung 7 (Zeichnung eines Siegelabdrucks) zeigt mit großer Wahrscheinlichkeit den Haupttempel von Susa, der auf einer hohen Terrasse errichtet wurde. Bei diesem Motiv aus der zweiten Hälfte des vierten vorchristlichen Jahrtausends handelt es sich um einen Rollsiegelabdruck auf Ton. Der Tempel ist seitlich mit jeweils drei riesigen Hörnern ausgestattet. Diese Hörner sind ein wichtiger Bestandteil der elamischen Tempel und gelten als Zeichen der göttlichen Stärke sowie möglicherweise als göttlicher Schutz gegen übernatürliche Kräfte (23).

In einer Inschrift erwähnt der elamische König Shilhak-Inshushinak (1155–1136 v. Chr.), dass er zwanzig Hörner-Tempel hat instand setzen lassen (s. Kapitel »Elamische Geschichte«). Eine andere Inschrift von ihm lautet (24): »Hörner aus Holz stellte ich hier auf. O großer (Gott), Kiririsha, Inshushinak, ihr seid mir gnädig. Ich Shilhak-Inshushinak, mit Schlachtopfern bitte ich euch, meine Bitte nehmt ihr an, (was) von mir verordnet wird, (macht ihr geschehen und) mir gabt ihr eure Be(fehle).« Weiter heißt es in der Inschrift: »Hörner und Zinnen aus Kupfer für die Opferstätte ließ ich gießen und stellte sie hier auf.«

Vierhundert Jahre später kündigte Shutur-Nahunte II (717–699 v. Chr.) in einer Inschrift an (25): »Ich bin Shutur-Nahunte, der Sohn des Hubanimmena, der König von Anzan (und) Susa, der Mehrer meines Reiches.

Ich habe das Heiligtum aus Emailziegeln gebaut und (durch?) alabasterne Hörner verziert und (diese) hier angebracht und der (Göttin) Pinigir, der gebietenden Reinen, meiner Gottheit, gegeben.«

Heilige Gärten

Ein weiterer Bestandteil eines elamischen Tempels war »der heilige Hain«. Eine Inschrift von dem elamischen König Untash-GAL, der im zwölften vorchristlichen Jahrhundert regierte, lautet (26): »Nämlich baute ich das Heiligtum heiliger Hain der (Göttin) Kiririsha ...«

In der Inschrift von Shilhak-Inshushinak (27) heißt es: »Drei Bäume (einen heiligen Hain) aus Kupfer für die Opferstätte ließ ich gießen, stellte (sie) auf dem Altarblock auf ...«

Eine von Shilhak-Inshushinak gestiftete Bronzetafel, welche die Zeremonie des Sonnenaufgangs darstellt, zeigt das Zentrum der Hochstadt von Susa mit den Haupttempeln von Inshushinak und von der großen Göttin, genannt Ninhursag (s. Kapitel »Elamische Geschichte« und Abb. 20). Im Modell wird neben den Opfertischen und Wasserbecken ein stilisierter Baum zur Darstellung des heiligen Hains gezeigt.

Bei diesen Hainen handelte es sich keineswegs um kleine Gärten, denn im Heiligtum des Gottes Shimut in Susa wurden einmal zehn Bäume gefällt.

Der assyrische König Assurbanipal beschreibt, dass seine Soldaten bei der Eroberung von Susa im Jahr 646 v. Chr. die geheimen Haine der elamischen Tempel in Susa, die noch kein Fremder betreten hatte, durch Feuer vernichteten (s. Kapitel »Elamische Geschichte«).

Weitere Tempelanlagen

In Susa gab es neben den bereits erwähnten Tempeln noch den Tempel der Göttin Manzat, der Gemahlin des Elamergottes Shimut, und das Heiligtum der Göttin Upurkubak, das in der Inschrift von Untash-Napirisha (akkadisch: Untash-GAL) erwähnt wird (28): »Ich (bin) Untash-GAL, der Sohn des Hubanummena, der König von Anzan (und) Susa. Das Heiligtum der (Göttin) Upurkubak; (das) die früheren Könige nicht in Susa gebaut haben, habe ich auf der Akropolis gebaut, ihre Leuchter stellte ich hier auf, und die Unterlage (für) Weihgaben, 10 Ellen (hoch), baute ich.«

Von der Göttin Manzat gab es ein weiteres Heiligtum in der elamischen Stadt Hupshen (*Dehe nou*).

In der von Untash-Napirisha neu errichteten Tempelstadt Dur-Untash (heute *Chogha Zanbil*, südöstlich von Susa) befinden sich die Überreste eines Stufenturms (s. Kapitel »Elamische Geschichte«) sowie die Tempel der Göttinnen Kiririsha und Ishnikarab. Im heiligen Bezirk *Sijankuk* von Dur-Untash befinden sich außerdem die Überreste einiger aneinandergereihter Tempel; es handelt sich hierbei um die Tempel der Göttin Pinigir, der Götter IM und Shimut und den Tempel der Göttergruppe Napratep (Abb. 8).

Über die Errichtung des Heiligtums für den Feuergott Kilahsupir in Chogha Zanbil ist in der Inschrift von Untash-GAL zu lesen (29): »Ich (bin) Untash-GAL, der Sohn des Hubanummena, der König von Anzan (und) Susa. Das Heiligtum mit Ziegelmauern baute ich, dem (Gott) Kilahsupir des Feuers gab ich es. (Was) von mir gemacht (und) verschönert wurde, möge durch (Gott) Kilahsupir von Sijankuk für immer bewahrt werden.«

Die Elamer betraten ihre Heiligtümer grundsätzlich schräg und nicht geradewegs. Die Tempel waren mit Altären ausgestattet, die mit Weihgaben und Gerätschaften ausgeschmückt wurden.

Glaubensausübung

Von einer Pilgerfahrt zu einer Kultstätte verkündet das Relief Kuli-Farah bei Izeh (*Malamir*). Die religiösen Aufmärsche wurden von Priestern und vielleicht auch von Mitgliedern der königlichen Familie angeführt.

Den Aufmarsch der Gläubigen zu einer weiteren Kultstätte bezeugt das noch erhaltene, ins Gestein einer Bergkette gehauene Denkmal Kurangan in der Provinz Fars (Abb. 9). In dieser Prozession ist ein Gottespaar, erkennbar an Hörnerkronen, zu sehen. Es handelt sich möglicherweise um den Gott Humban – als Thronsessel dient eine zu einer Spule aufgerollte Schlange – und die Göttin Kiririsha oder die Göttin Parti (30). In der rechten Hand hält der Gott ein Gefäß mit Lebenswasser. Das Lebenswasser fließt nach rechts und nach links und wird von zwei Männern (wahrscheinlich der König und sein Bruder) empfangen. Die überströmende Gabe, ausgedrückt in Strömen von Wasser, wird so verliehen (31).

Die Zeremonie einer rituellen Waschung (Ablution) zeigt die oben erwähnte Tafel »Sonnenaufgang«, während der ein Priester Wasser auf die Hände des anderen gießt.

Neben der »stummen« Anbetung kannten die Elamer auch die »beredte« Anbetung, bei der die Gläubigen beide Hände zum Angesicht der Gottheit hochhoben.

Die Opferung von Tieren gehörte zu den religiösen Ritualen. Die Abbildung 10 zeigt einen elamischen Opferträger mit einem Geißlein im Schoß. Die Abbildung stammt aus der Epoche um 2500 v. Chr. und zeigt zum ersten Mal einen Betenden, der der Gottheit ein Geißlein opfert (32).

Ehrung fremder Götter

Die Elamer brachten den fremden Gottheiten ebenfalls Opfer dar. So wurde den Göttern Enki und Nergal (der sumerische Unterweltgott) sowie der Göttin Ninegal täglich ein Schaf geopfert (33).

Aus der Sukkalmah-Epoche stammt ein Brief aus Susa, in dem ein Vater an seinen Sohn schreibt, dass »Shamash und Kilahsupir dein Leben aufrechterhalten!« (34). Bei Shamash handelt es sich um den akkadischen Sonnengott und bei Kilahsupir um die elamische Gottheit des Feuers.

In einem Darlehensvertrag zwischen einem Elamer und einem Akkadier (erkennbar an deren Namen) aus der Sukkalmah-Epoche werden als Zeugen Shamash und Inshushinak aufgeführt: Shamash für die akkadische und Inshushinak für die elamische Seite (34).

Im elamischen Pantheon in der Zeit der Regierung von Untash-Napirisha befanden sich auch babylonische Götter, denen der Herrscher Tempel und Kapellen stiftete (s. Elamische Geschichte).

Glaube an das Leben im Jenseits

Die Elamer glaubten, dass sie nach dem Tod von den Göttinnen der Unterwelt Ishnikarab und Lagamar empfangen und zu dem Gott Inshushinak als »Läuterer-König«, wie er in einer Inschrift aus der Zeit um 2254 bis 2218 v. Chr. genannt wird (35), geführt werden, der dann sein Urteil über sie ausspricht. Auf einer in Susa gefundenen Grabtafel ist zu lesen (36): »Auf nun, ich will gehen, du mein Gott und Herr! Ich will meinen Spruch vernehmen, deine Füße küssen. Du ließest auf dich warten ... Endlich ließest du, mein Gott, das Reich der Schatten mich aufnehmen. War doch auf Erden mein Los ein Sumpf aus Mühe und Qual, hattest du doch auf der Elends-Erde mir Wasser und Grünes karg nur zugeteilt auf der Steppe der Dürre!«

Oft begruben die Elamer ihre Toten unterhalb ihrer Häuser. Tonkrüge und manchmal auch Schmuck gehörten zu den Ausstattungen des Grabes. Waagschalen und Wiegegewichte wurden ebenfalls häufig in elamischen Gräbern gefunden. Man schließt daraus, dass es sich hierbei um die Gräber der Kaufleute handelt. Überhaupt war für Elamer ein gut ausgestattetes Grab von großer Bedeutung. In Elam glaubte man, dass die Verstorbenen nach dem Tod Nahrung und vor allem etwas zu Trinken benötigten. Manches Grab wurde mit einer Wasserzufuhr versehen (36).

Das Ritual der Feuerbestattung war den Elamern fremd, es scheint nur bei der Königsbestattung Brauch gewesen zu sein (37).

Das Rechtssystem

Die aus Susa stammenden Rechtsurkunden sind nach É. Cuq (38) aufgrund des hohen Alters der elamischen Zivilisation für die Geschichte des Rechts von besonderem Interesse. Die Entwicklung des Rechts in Susa ähnelt der geschichtlichen Entstehung des Rechtssystems in alten Ländern. Mit der Erlangung eines gewissen Zivilisationsgrades wurden Regeln eingeführt, die der Aufrechterhaltung der Ordnung in der Gesellschaft dienen. Die Religion bietet die Grundlage für die Rechtsvorschriften, die von Gott an die Priester erteilt werden und deren Nichteinhaltung den Zorn des Gottes hervorruft.

Die Urkunden aus Susa erwähnen zum ersten Mal Regeln, die vom Tempel aufgestellt wurden, also von Inshushinak oder vom Gottespaar Inshushinak und Ishnikarab. Im Laufe der Zeit wurde die religiöse Autorität durch die zivile Autorität ersetzt.

Der überwiegende Teil der Rechtsurkunden stammt aus der Epoche der ersten babylonischen Dynastie um das neunzehnte Jahrhundert v. Chr., einige davon sind auch älteren Datums.

Das elamische Recht unterscheidet sich in mancherlei Hinsicht vom babylonischen Recht. Bei der Erstellung des Kodex Hammurabi (1792–1750 v. Chr.) ist die Inspiration durch das elamische Recht in vielen Bereichen erkennbar (39).

Die Bräuche von Susa beinhalten Besonderheiten, die sich von den babylonischen unterscheiden (38). Zu nennen ist zunächst die Bedeutung und Wertung des psychologischen Elementes beim Zustandekommen von Verträgen. Die Vertragspartei, die die Initiative zum Vertragsabschluss ergreift, erklärt, dass sie die Handlung in voller Gesundheit und aus freiem Willen vornimmt. Was die andere Partei anbetrifft, wird oft erwähnt, dass sie in guter Gesundheit ist und sich ehrlich verhält.

Die Publikation eines Immobilienerwerbes erfolgte durch das Anbringen eines Pfahles auf dem Grundstück. Diese Art der Publikation wurde außer von Elamern und Sumerern später auch von Babyloniern praktiziert. In einer Urkunde wird erwähnt, dass die bevorstehende Übertragung des Eigentums durch die Stimme des Herolds bekannt gemacht wurde. Diese Praxis wurde später auch in Assyrien durchgeführt. Diejenigen, die Ansprüche auf die Immobilie hatten, sind zweifellos eingeladen worden, sich innerhalb einer bestimmten Frist zu Wort zu melden, so É. Cuq.

Der Erwerb einer Immobilie bedurfte des Ganges zu einem Heiligtum. Der Besuch im Tempel hatte den Sinn, das Recht des Käufers beim Erwerb der Immobilie unter göttlichen Schutz zu stellen.

Der Urkundenzeremonie wohnten Zeugen bei, deren Zahl bis zu 42 Personen betragen konnte; in der Regel bewegte sich die Anzahl der Zeugen zwischen fünf und 20 Personen. Die Liste der Zeugen begann mit Götternamen (gewöhnlich mit Nahunte, Gott der Vollstreckung, und Inshushinak, Gott der Gesetzgebung). Die Gesamtzahl der Zeugen, Götter inbegriffen, wird unter Benennung ihrer Namen ausdrücklich angegeben. Die Namen der Zeugen werden meist ohne Filiation genannt. Die Hälfte der Urkunden enthält laut J. Klima (40) unter den Zeugen auch den Namen des Schreibers. Mit einer Ausnahme, bei der zwei Götter ohne Menschen auftreten, beträgt die Mindestzahl der menschlichen Zeugen stets zwei.

Der Kaufpreis der Immobilie wurde üblicherweise im Vertrag erwähnt und immer in bar entrichtet.

Eine weitere Besonderheit des elamischen Rechtes war der Hinweis auf den drohenden Gotteszorn bei etwaiger Verletzung der Verträge bezüglich Grundeigentum und Familienrecht: »Wer die eingegangenen Verpflichtungen verletzt, wird den Zorn der Götter auf sich laden.« Im Laufe der Zeit hat man in Verträgen den Begriff »Zorn der Götter« durch den des Hochkommissars und des lokalen Königs ersetzt. É. Cuq sieht darin den Beginn der Säkularisierung des Rechts.

Mündliche und schriftliche Rechtspraxis

Zusätzlich zu dem schriftlich aufgestellten Vertrag war es in Susa erforderlich, eine mündliche Erklärung mit der gleichen Verlautbarung vor den Zeugen abzugeben und dies im Vertrag auch extra zu vermerken. L. Openheim (41) hebt in diesem Zusammenhang die dualistische Natur der susischen Rechtspraxis hervor, bei der, wie es scheint, mündliche Erklärungen der Parteien ein ebenso allgemeines formales Erfordernis waren wie deren schriftliche Fixierung.

Es sei darauf hingewiesen, dass die elamische Rechtspraxis ursprünglich bis zur Epartiden-Epoche (um 2040 v. Chr.) nur mündlich erfolgte und dass später, durch den Einfluss Babyloniens, das dortige schriftliche Rechtssystem neben dem uralten mündlichen elamischen Rechtswesen angewandt wurde. Die wechselseitige Durchdringung und Beeinflussung beider Formen macht laut W. Hinz (42) die Besonderheit des elamischen Rechtswesens aus.

L. Openheim gebraucht den Terminus »Rechtskreis des Gebirges« für die mündliche Rechtspraxis, wie sie in Susa und im Gebiet am Zagrosrand angewandt wurde, und den Terminus »Rechtskreis der Ebene«, der in der mesopotamischen Ebene in Schriftform praktiziert wurde. Dabei drückte der Rechtskreis des Gebirges seit der altassyrischen Epoche dem Rechtsleben der Ebene zwischen Tigris und Zagros seinen Stempel auf, so der Autor.

Weltliches und göttliches Recht

In der Regel schwörte man in Susa laut P. Koschacker (43) entweder bei der Gottheit oder beim weltlichen Herrscher. Man könnte deshalb den Eindruck bekommen, dass es einen Widerspruch zwischen göttlichem und weltlichem Recht gab.

Andererseits sei auf die Rolle, die den Göttern bei der Fassung der Akten bezüglich des Grundeigentums und des Familienrechtes zukommt, hingewiesen. In Susa wurden diese Handlungen in einer Zeremonie im Tempel Inshushinak vorgenommen.

Letztlich wurden die Verträge in Susa, gleich ob sie beim weltlichen Herrscher oder bei der Gottheit beschworen wurden, immer vor Göttern als Zeugen abgeschlossen, deren Namen (meistens Nahunte und Inshushinak oder Shamash und Inshushinak) die Liste der Zeugen anführen und in der Zahl der Zeugen auch mitgerechnet werden.

Wesentlicher Bestandteil des elamischen Rechtswesens war seine Verflechtung mit dem Numen der Gottheit. Während das Numen (Kiten) des Gottes Humban im Besonderen den göttlichen Schutz des Königs verbürgte, wirkte sich das des Gottes Inshushinak besonders in der Rechtssprechung aus (42).

In mehreren Kaufurkunden, aus denen hervorgeht, dass bei weltlichen Herrschern (König bzw. König und Sukkal) beschworen wurde, wird erklärt, dass der Vertrag im Schutze Inshushinaks abgeschlossen wurde. Die Verletzung einer unter Herrschereid gesicherten Verpflichtung zog somit neben weltlichen Strafen eine sakrale Wirkung nach sich. Der Meineidige verwirkte, auch wenn er nur beim Herrscher geschworen hatte, den Schutz (Kiten) Inshushinaks: Er wurde friedlos und musste sterben (42).

Die Urkunden mit Göttereid stammen nach P. Koschacker aus jüngerer

Zeit und gehören in der Hauptsache der Zeit nach Tempti-agun (1698 bis 1690 v. Chr.) an, während der Königseid die ältere Form des Eides darstellt. Im Auftreten des Göttereides mag man, so der Autor, ein Symptom für ein gewisses Erstarken der Priesterschaft sehen. Man mag annehmen, dass die Priesterschaft in Susa ihre Macht entschiedener zur Geltung bringen konnte als in Babylon und sich so ein gewisser Gegensatz zum weltlichen Herrscher ergab. Daraus darf aber kein Gegensatz zwischen göttlichem und weltlichem Recht hergeleitet werden. Es geht eher um die Betrachtung derselben Rechtsordnung aus der Sicht der Gottheit und des Herrschers.

Außer den Vorschriften der Tempel bzw. des Herrschers entdeckt man in den Dokumenten aus Susa auch lokale Bräuche. Diese haben in bestimmten Fällen nach É. Cuq einen höheren Wert als die anderen Rechtsformen. Bürgerliche bzw. religiöse Vorschriften durften sich nicht gegen einheimische Bräuche stellen. Aus einem Darlehensvertrag geht hervor, dass die Vorschriften der Tempel einer Handlung, die in Übereinstimmung mit den einheimischen Bräuchen steht, nicht zuwiderlaufen dürfen. Der einheimische Brauch unterscheidet sich in diesem Fall von der Regelung der Tempel und geht vor.

Rechtsnormen

Eine in Susa gefundene Tafel gibt Auskunft über das elamische Bodenrecht. Weiter gab es, wie in einer Urkunde erwähnt wird, »Rechtspfade« der Götter Inshushinak und Ishnikarab. In einer anderen Tafel wird lediglich Ishnikarab als Stifter solcher »Rechtspfade« genannt. Andere Götter kommen als Gesetzgeber nicht vor.

Unter dem »Rechtspfad« der Gottheit verstand man im Volk eine Gesetzgebung der Priesterschaft; ein Beweis dafür ist der oft benutzte »Rechtspfad, den der Tempel des Inshushinak gebahnt hat«. Diese Rechtsnormen befassten sich allerdings auch mit weltlichen Angelegenheiten, wie u. a. Adoption, Grundstückskauf, Darlehen und Zahlung von Vertragsstrafen (42).

Das Zivilprozesswesen in Elam war allein den weltlichen Richtern anvertraut; Priestern begegnet man vor Gericht höchstens als Zeugen. Es gab zwei Gerichtsinstanzen. In der ersten Instanz sprach der Richter allein das Urteil. Im Berufungsverfahren (elamisch: hashlut) hatte der Kanzler des Fürsten den Vorsitz des Prozesses, er wurde dabei von einem Richter unterstützt.

Nicht zuletzt ist auf die juristische Regelung hinzuweisen, die oft in Urkunden aus Susa zitiert wird: Für die Gültigkeit von bestimmten juristischen Handlungen war es erforderlich, dass die Partei, die veräußerte oder sich verpflichtete, in voller Gesundheit und voller Freiheit handelte. Diese Regelung galt u. a. für die Adoption, die Schenkung und Teilungsverträge bei der Erbschaft. In einigen Urkunden über Adoption oder Schenkung wird auf den physischen Zustand des Mundes und der Lippen desjenigen, der die Adoption bzw. Schenkung vornimmt, hingewiesen. Es hieß laut É. Cuq (38): »Sa bouche et ses levres sont saines et bien portantes.«

Die Unversehrtheit des Körpers lässt die Zuverlässigkeit der Willenskraft annehmen: Mens sana in corpore sano.

Nichtanfechtungsklausel in Verträgen

Viele Verträge beinhalten eine Nichtanfechtungs- bzw. Verzichtsklausel. Die Vertragsparteien verpflichten sich, künftig den Vertrag nicht anzufechten. Es heißt (40): »Der eine und seine Kinder werden sich gegen den anderen nicht wenden.«

In der Strafklausel heißt es: »Der Vertragsbrüchige geht des Schutzes Inshushinaks verlustig.« In einer Urkunde wird im Falle der Anfechtung eines rechtmäßig zustande gekommenen Vertrages mit der Entziehung der bürgerlichen Rechte gedroht.

Gleichheit vor dem Gesetz

Aus den elamischen Texten geht laut É. Cuq hervor, dass der Rechtsbegriff bei den Elamern so abgefasst wurde, dass alle, selbst die höchsten Würdenträger, den Gesetzen Folge zu leisten hatten. Je nach der Quelle der Gesetzgebung wurden – im Falle der Übertretung des Gesetzes – religiöse bzw. behördliche Maßnahmen verordnet. Die religiösen Maßnahmen bestanden aus dem Fluch der Götter und die behördlichen Sanktionen aus Vollstreckung durch die öffentliche Hand.

Soziale und rechtliche Stellung der Frau in der Gesellschaft

Wie aus den Urkunden und Tontafelinschriften hervorgeht, errang die elamische Frau in altbabylonischer Zeit ein hohes Maß an Gleichberechtigung. So erbten Söhne und Töchter gleichberechtigt (42).

In den Teilungsverträgen kommen neben Männern auch Frauen vor. Als Zeuginnen konnten sie vor Gericht auftreten, ebenso als Klägerinnen und als Beklagte. In den Verträgen erscheinen ihre Nagelmarken neben denen ihrer männlichen Vertragspartner.

Das elamische Erbrecht erlaubte, wie ein Dokument zeigt, die Vererbung des persönlichen Vermögens in der weiblichen Linie.

Frauen waren als Arbeiterinnen, Grundbesitzerinnen und Priesterinnen tätig. In einer Urkunde wird erwähnt, dass Priesterinnen große Mengen Gerste eingefordert und diese auch bekommen haben. Aus den Belegen aus altbabylonischer Zeit geht hervor, dass eine Gruppe innerhalb der weiblichen Priesterschaft Grundbesitz hatte und diesen nutzbringend verwaltete.

W. Hinz (42) führt folgende Zeugnisse für die Bevorzugung der Tochter durch den Vater und die Fürsorge und Anerkennung des Mannes gegenüber seiner Frau an und schließt daraus auf die besondere soziale und wirtschaftliche Stellung der Frau in der elamischen Gesellschaft: Ein Mann vermacht in seinem Testament sein ganzes Vermögen seiner Tochter, obwohl er unter seiner Nachkommenschaft auch mehrere Söhne hat. In dem Vermächtnis heißt es: »Solange ich noch am Leben sein werde, wird sie mich verpflegen, und wenn ich sterbe, soll sie mir Totenopfer darbringen.« In einer Urkunde schenkt ein Ehemann seiner Frau einen Garten, den sie auch dann behalten darf, wenn er sich jemals von ihr scheiden würde.

In einer anderen Urkunde vermacht ein Mann sein ganzes Vermögen seiner Ehefrau. Als Begründung führt er an: »Weil sie ihn umsorgt und für ihn gearbeitet hat.« Er fügt weiter hinzu, die Söhne sollten nur dann das Vermögen erben, wenn sie bei der Mutter bleiben und sich um sie kümmern.

In einem anderen Fall überträgt ein Mann auf dem Totenbett den Nießbrauch seines Vermögens auf Lebenszeit an seine Frau. Er veranlasst weiterhin, dass nach ihrem Tod nur diejenigen von seinen Söhnen erben dürfen, die der Mutter stets mit Liebe und Rücksicht begegneten.

Weitere Eigenheiten im elamischen Recht

Hier ist zunächst der Vertrag »ezib tabal« zu nennen, den É. Cuq als eine Singularität des elamischen Rechts bezeichnet (39). Der Eigentümer eines vor der Ernte stehenden Feldes trifft mit seinem Gläubiger folgende Vereinbarung: »Ernte und nehme!« Der Anbau wurde vom Eigentümer bzw. auf dessen Kosten durchgeführt.

Dieses Rechtsgeschäft, das in elamischen Urkunden zahlreich vorkommt, hat Ähnlichkeit mit einem Pachtvertrag, wurde jedoch im Allgemeinen kurz vor der Ernte abgeschlossen (meistens im Erntemonat). Es handelt sich um eine vorherige Übereinkunft zwischen dem Gläubiger und dem Schuldner und bietet den Vorteil, den Interessen beider Parteien gerecht zu werden: Der Schuldner befreit sich von seinen Schulden, ohne wegen des nicht Vorhandenseins des notwendigen Geldes gegenüber seinem Gläubiger im Verzug zu geraten, und erspart sich somit die vereinbarte Strafe. Der Gläubiger erhält den Teil der Ernte, der der Höhe des geliehenen Geldes entspricht.

Die Rechtsurkunden zeigen, dass die Bedingungen des Vertrages »ezib tabal«, nach denen verfahren wurde, von den Priestern des Tempels In-shushinak festgelegt waren. Diese Idee hatte laut É. Cuq den Kodex Hammurabi inspiriert.

Eine andere Besonderheit der elamischen Rechtsgebung zeigt, wie Urkunden aus Susa zu entnehmen ist, die Klausel »Kidinam u kubbuzam ul um-ahhr«. Ihr gemäß kann ein Gesellschafter/Verwalter weder die behördlichen noch die Tempelvorschriften zur Hilfe nehmen, um sich von einer Zahlungsverpflichtung an den Geldgeber zu befreien (39).

Thronfolgerecht und Mutterrecht

Um in Elam den Thron besteigen zu können, war die Abstammung von einer bestimmten Mutter ausschlaggebend. Dabei unterschied man zwischen männlichen und weiblichen Erbgängen.

Die notwendige Voraussetzung für den Thronfolger war, dass er ein *ruhushak* sein musste. Hierzu muss zunächst darauf hingewiesen werden, dass die Elamer für den Begriff »Sohn« zwei verschiedene Ausdrücke mit zwei verschiedenen Bedeutungen verwendeten: *shak* und *tur*.

Anders als *tur* (»Sohn«) deutet der Ausdruck *shak* darauf hin, dass es sich um einen »aus richtiger Geschwisterehe stammenden Sohn« handelt. Der Ausdruck *ruhu* bedeutet wiederum »Nachkomme der Mutter«, genauer gesagt »Nachkomme einer rechtmäßigen Gattin«. Rechtmäßige Gattin deshalb, weil *ruhu* nur bei rechtmäßigen Familienmitgliedern als Verwandtschaftsgrad in Betracht kommen kann, daher ist *ruhu* gleich: »rechtmäßiger Nachkomme einer rechtmäßigen Gattin«.

Eine weitere Voraussetzung für die Zeugung von *ruhushak* ist, dass es sich bei den Eltern um einen regierenden Vater und eine regierende Mutter handeln muss. Nachfolgeberechtigt sind somit, wie F. W. König (44) es formuliert, »nur die Söhne der Schwester des Königs, die mit einem regierenden (königlichen) Bruder gezeugt sind«.

Die Bezeichnung *ruhushak* darf allerdings nicht eng gefasst werden. Sie kann ebenso die Verbindung zwischen fern voneinander liegenden Personen herstellen. Denn hierbei kommt es laut F. W. König nicht so sehr auf das Verhältnis zu einem Vater und einer Mutter, als auf richtige Abstammung in väterlichem und mütterlichem Sinne an. Grundbedingung aber ist, dass die hier gemeinte Mutter immer Schwester ihres Gatten war.

Während Humban-numena I sich in seiner eigenen Inschrift *shak* des Attar-kittah nennt, wird er von Shilhak-Inshushinak als *ruhushak* des Silhaha bezeichnet. Zwischen Humban-numena I und Silhaha liegen jedoch mehr als fünfhundert Jahre. In den Tempelbaulisten, die Shilhak-Inshushinak angefertigt hatte, werden die einzelnen Fürsten in der Reihenfolge genannt, in der sie regierten und an den betreffenden Tempeln gebaut haben. Diese Reihenfolge lautet (44):

Eparti
Silhaha shak hanek des Eparti

Shiruktuh ruhushak des Silhaha
Sime-palar-huhpak ruhushak des Shiruktuh
Kuk-Kirmesh shak des Lankuku (sonst ruhushak des Silhaha)
Attapakkar ruhushak des Silhaha
Kuk-Nashur ruhushak des Silhaha
Tempt-halki ruhushak des Silhaha
Kuk-Nashur ruhushak des Lip-Uli

Einzelne Herrscher wie Tempti-agun fehlen, weil nur jene Könige aufge-zählt werden, die an den betreffenden Tempeln gebaut haben.

In dieser Liste wird Silhaha nicht als *ruhushak*, sondern als *shak hanek* (»erwählter Sohn«) bezeichnet, das heißt von der Gottheit erwählt, wie in einer Inschrift erwähnt wird, was wiederum laut F. W. König als »Erb-sohn« übersetzt werden kann. Die richtigen Nachkommen können erst von diesem Erbsohn und seiner Schwester hergeleitet werden.

Als Dynastiegründer kommt Eparti selbst nicht infrage, auch wenn er eine seiner Schwestern geheiratet hätte, weil der Erbsohn und die Erbtochter von einem regierenden Vater und einer regierenden Mutter gezeugt sein müssen.

Dabei ist festzustellen, dass die »Schwester des Silhaha« nicht die Ge-mahlin des Vaters eines der als *ruhushak* bezeichneten Könige ist, son-dern dass sie eine Art Dynastiegründerin (Stamm-Mutter) gewesen ist. Die Doppelbezeichnung von Humban-numena als *shak* des Attar-kittah und *ruhushak* des Silhaha deutet darauf hin.

In der Epart-Dynastie hatte nur derjenige Anspruch auf den Thron, der seine Abstammung auf die Stamm-Mutter, die »begnadete Mutter« *amma hashtuk* zurückführen konnte.

Erbfolgerecht

F. W. König beschreibt das elamische Erbfolgegesetz wie folgt (45): »Erb- und thronberechtigtes Familienmitglied ist nur der, der aus einer Geschwis-terehe stammt. In erster Linie kommt es darauf an, dass die Mutter eine im Purpur geborene Frau ist; dann erst wird der Vater in Betracht gezogen, der der älteste im Purpur geborene Bruder der Mutter sein soll. Die Kin-der aus dieser Ehe sind die ›richtigen‹. Stirbt aber der Vater, dann tritt die Regierung der (natürlich auch wieder nur purpurgeborene etc.) Bruder des

Verstorbenen an und heiratet nunmehr die Schwester-Witwe; gleichzeitig übernimmt er die früheren Söhne seiner Frau als seine eigenen, so dass sich der Sohn dieser Schwester-Gattin als den Sohn zweier Väter bezeichnen kann; die minderjährigen Söhne werden adoptiert und dann als ruhushak bezeichnet. Nach dem Tode des (oben postulierten) Bruders tritt nun der älteste Sohn des Vaters die Regierung an und seine offizielle Frau ist, wenn sie noch am Leben ist, seine Mutter, die dann elamisch als amma hashtuk bezeichnet wird, ein Titel, den nicht einmal die akkadischen Zeitgenossen übersetzen konnten! Erst nach dem Tod dieser Frau kommt die vom letzten Vatersbruder im Purpur gezeugte jüngste Tochter zum Range einer Schwestergemahlin.«

In diesem Zitat handelt es sich bei dem ältesten Sohn des Vaters, der die Regierung antritt, um den ältesten Sohn des ältesten regierenden Bruders. Die Thronfolge im Hause der Shutrukiden veranschaulicht diese Erbfolgeregelung. Nach dem Tod des im zwölften Jahrhundert v. Chr. regierenden Shutruk-Nahunte folgte zuerst dessen ältester Sohn Kutir-Nahunte und danach sein Bruder Shilhak-Inshushinak, der Nahunte-Utu, die Witwe seines älteren Bruders und Thronvorgängers, zur Frau nahm. Aus diesem Grund nennt sich Huteludush-Inshushinak in einer Inschrift der gemeinsame Sohn von Kutir-Nahunte und seiner Schwester Nahunte-Utu, der erwählte Sohn des Kutir-Nahunte und des Shilhak-Inshushinak. Nach dem Tod von Shilhak-Inshushinak hätte sein jüngerer Bruder Shimut-Nikatash den Thron besteigen sollen. Weil er aber anscheinend vor seinem älteren Bruder gestorben ist, wurde Huteludush-Inshushinak als ältester Sohn des älteren Bruders der Nachfolger. Nach dessen Tod ging der Thron an seinen Bruder Shilhana-Hamru-Lagamar über, den ältesten Sohn des Shilhak-Inshushinak.

Dass Huteludush-Inshushinak sich in der oben erwähnten Inschrift als Sohn zweier Väter bezeichnet, besagt, dass es bei seiner Abstammung nicht auf seinen eigentlichen Vater ankam, sondern auf seine Mutter Nahunte-Utu.

Die Geburt im Purpur ist laut F. W. König im Zusammenhang mit dem Gottesgnadentum zu verstehen. Nur derjenige kann dem Willen der Gottheit gemäß handeln, der von der Gottheit anerkannt und auserwählt ist. Es ist deshalb auch nur der bereits von Gott Erkorene fähig, eine richtige Zeugung vornehmen zu können.

Die Ehe innerhalb der Familie, die aus mütterrechtlichen Anschauungen zur Bewahrung der Herkunft aus göttlichem Samen notwendig erschien, führte dazu, dass viele elamische Könige an seltsamen Krankheiten litten und oft früh starben.

Das elamische Erbfolgerecht hatte die Konsequenz, dass es im Königshaus häufig zu Erbstreitigkeiten und Palastintrigen kam. Der Sohn des regierenden Königs musste nach dem Tod des Vaters die Thronbesteigung in der Regel erst anderen noch lebenden Thronberechtigten überlassen. Es kam oft vor, dass elamische Könige von einem Sohn oder Bruder oder einem anderen nahen Thronanwärter beseitigt wurden.

Die elamische Staatsverfassung

Weil die elamische Staatsverfassung im Zusammenhang mit dem Erbfolgerecht steht, erfolgt deren Behandlung an dieser Stelle.

Es handelte sich bei dieser Staatsverfassung um ein Herrschaftssystem mit der Aufteilung der Macht zwischen den Mitgliedern der königlichen Familie aus zwei Generationen. Dokumente aus Susa zeigen, dass das Herrschaftssystem im Haus der Epartiden aus einer Dreiheit bestand (46): einem Oberhaupt, bezeichnet als *Sukkalmah* (Großregent); einem Vize-Regent, allgemein bezeichnet als *Sukkal* (Regent) *von Elam und Simash*, in der Regel ein Bruder von Sukkalmah, und dem *Sukkal von Susa*, in der Regel ein Sohn oder ein Neffe von Sukkalmah.

Die Staatsverfassung sah vor, dass nach dem Tod von Sukkalmah die Krone zunächst an den Sukkal von Elam und Simash ging und dann, wie es scheint, an den Sukkal von Susa. Auf diese Weise konnte der Sukkal von Elam und Simash Erfahrungen sammeln und sich auf seine zukünftige Aufgabe vorbereiten.

Aufgrund der großen Sterblichkeit im elamischen Königshaus kam es vor, dass nach dem Tod des Königs keine Brüder oder Vettern mehr am Leben waren, sodass ihm oft sein Sohn nachfolgte.

Das System der Dreiteilung der Gewalt hatte es bereits unter den Simash-Herrschern und zeitweilig auch unter den Herrschern Mesopotamiens gegeben. Während der Sukkalmah-Epoche war dieses System jedoch Bestandteil der elamischen Staatsverfassung.

Bei den Großregenten handelte es sich um unabhängige Herrscher, die gelegentlich den Königstitel trugen (s. Kapitel »Elamische Geschichte«).

Das Erbrecht des Bruders galt seit ältesten Zeiten auch für das elamische

Volk, sodass mütterrechtliche und bruderrechtliche Anschauungen sich miteinander verflochten. Anders als im Königshaus trat im zweiten vorchristlichen Jahrtausend im einfachen Volk das Erbrecht des Bruders gegenüber dem Erbanspruch des Sohnes allmählich zurück und wurde schließlich fast ganz von diesem verdrängt.

Sprache und Schrift

Gegen Ende des vorchristlichen vierten Jahrtausends gelang es laut W. von Soden (47) höchstwahrscheinlich den Sumerern, die Schrift zu erfinden. Von dort aus verbreitete sich wohl die Idee des Schreibens nach Ägypten, China, Indien und in das Nachbarland Elam. In Elam nahm die Entwicklung der Schrift laut M. Lambert (48) jedoch ihren eigenen Weg.

Die Entzifferung der Schrift

Der Perserkönig Darius der Große (522–486 v. Chr.) hat fast alle seiner Inschriften in den drei Sprachen Altpersisch, Elamisch und Babylonisch aufsetzen lassen. Das Entziffern dieser dreisprachigen Inschriften in Persepolis, die in Keilschrift geschrieben waren, fußte laut G. Hüssing (49) auf den erratbaren Personennamen. Hierdurch bildete sich eine Basis, von der aus, so W. von Soden, im neunzehnten Jahrhundert die Entzifferung fast aller Keilschriftsysteme begonnen werden konnte.

Bei den dreisprachigen Texten handelt es sich bei der ersten Kolumne um Altpersisch, bei der zweiten Kolumne um Neuelamisch und bei der dritten Kolumne um Babylonisch. Die Sprache der ersten Kolumne konnte durch das Vergleichen mit Sanskrit und Awesta entziffert werden. Auch die Entzifferung der dritten Kolumne konnte durch das Vergleichen mit den semitischen Sprachen gelingen. Nur die zweite Kolumne bereitete mehr Schwierigkeiten, weil hier die sprachliche Verwandtschaft fehlte. Es ist auch laut E. Reiner (50) bisher nicht gelungen, elamisch mit irgendeiner bekannten Sprachfamilie zu vergleichen. Später konnte die zweite Kolumne dank der Pionierarbeit einiger Wissenschaftler übersetzt werden.

Die Arbeiten auf dem Gebiet der Entzifferung der elamischen Keilschrift fanden mit der Veröffentlichung von »Die Keilschriften der Achämeniden« von F. H. Weißbach (51) im Jahre 1911 einen vorläufigen Abschluss.

Elamisch gehört demnach weder zu semitischen noch zu indogermanischen Sprachen. Über den Ursprung der elamischen Sprache gibt es allerdings Theorien: Nach Meinung einiger Forscher gehört Elamisch zu den sogenannten kaukasischen Sprachen. Diese bestehen aus Wortwurzeln, an die Vor- bzw. Nachsilben angehängt werden: im Awarischen heißt »w-ac« Bruder und

»j-ac« Schwester (»w-« als Zeichen des Männlichen und »j-« als Zeichen des Weiblichen); im Abchasischen heißt »a-bla« das Auge, »bla-ke« ein Auge und »bla« Auge. Im Elamischen heißt »s-ak« Bruder und »p-ak« Schwester.

Außerdem unterscheidet Elamisch, wie bei den südkaukasischen Sprachen, beim Pronomen zwischen Personen und Sachen, nicht aber zwischen Maskulinum und Femininum. Während R. Bleichsteiner (52) von der Verbindung der elamischen Sprache mit den südkaukasischen Sprachen, insbesondere dem Georgischen, spricht, findet G. Hüsing darüber hinaus das nordostkaukasische Cachurisch dem Elamischen am nächsten. Das Cachurische scheint seinerseits dem Georgischen nahe zu sein.

Es ist darauf hinzuweisen, dass man für die in Kaukasien verwendeten Sprachen die Bezeichnung kaukasisch deshalb benutzte, weil diese Sprachen bestimmte Beziehungen zueinander haben. In ihrer Struktur sind sie jedoch völlig unterschiedlich. Von einem kaukasischen Sprachtypus kann jedenfalls nicht gesprochen werden. Aufgrund der engen geografischen Nachbarschaft haben sie allerdings gewisse gemeinsame sprachliche Züge und lexikalische Übereinstimmungen.

Manche rechnen die Sprachen einiger ehemaligen Bewohner Europas wie Etrusker, Kreter und Iberer ebenfalls zur kaukasischen Sprachgruppe.

Gesichert scheinen laut R. Bleichsteiner Beziehungen des südkaukasischen Sprachstammes und des Abchasischen zur baskischen Sprache zu sein. Zu zahlreich sind nach seiner Feststellung die Analogien in Morphologie und Wortschatz, um den Zusammenhang zwischen diesen geografisch so weit voneinander gelegenen Sprachen zu leugnen. Der Verfasser findet außerdem oft verblüffende Übereinstimmungen zwischen südkaukasischen und indogermanischen Sprachen. Dazu gehört die Bildung des vollendeten Aspektes durch Präverbien wie in den slawischen Sprachen.

Nach G. Hüsing können weiterhin Beziehungen zwischen der elamischen und der drawidischen Sprache nicht geleugnet werden. Zu den agglutinierenden Sprachen, die sich durch eine Fülle von Präfixen und Suffixen sowie Wurzeliterationen auszeichnen, gehört auch die sumerische Sprache (10).

Aussprache

Die elamische Aussprache ist leider nicht ausreichend bekannt. Der Grund dafür liegt, wie W. Hinz (53) es interpretiert, darin, dass die akkadische Keilschrift, in der die elamische Sprache niedergeschrieben ist, nicht auf diese Sprache zugeschnitten war. Denn die akkadische Silbenschrift war für die Wiedergabe des Elamischen aufgrund der Konsonantenanhäufung in dieser Sprache nicht geeignet. Hinzu kommt, dass die Elamer eine Vorliebe für Nasale hatten. Die Elamer unterschieden nicht zwischen stimmhaften und stimmlosen Konsonanten. So wurde »b« wie »p«, »d« wie »t« sowie »g« wie »k« ausgesprochen.

Das in keilschriftlicher Schreibweise geschriebene »te-ip-ti« bzw. »te-im-ti« soll ein »tempt« (Herr) ausdrücken, und das »tempt« wurde auch noch so nasaliert, dass die Assyrer aus dem Mund von Elamern lediglich ein »te« zu hören glaubten. Der Name des elamischen Königs »Tempt-Humban« wurde deshalb »Te-Umman« geschrieben.

Nach R. Labat (54) besaß die elamische Sprache außer den Vokalen »a«, »e«, »i« und »u« vielleicht die Vokale »ü« und »o«. Der Verfasser macht darauf aufmerksam, dass in bestimmten Fällen der Vokal »u« nach und nach die Tendenz hatte, als »i« ausgesprochen zu werden: Aus »turu« (sagen) wurde »tiri«.

In diesem Zusammenhang weist W. Hinz darauf hin, dass sich die elamische Sprache im Laufe der Jahrtausende ihrer Existenz wenig verändert hat, was – so der Verfasser – dem Wesen dieses beharrungskräftigen Volkes entspricht. Beachtet man den Lautwandel von frühem »u« über »ü« zu spätem »i«, so lässt sich ihm zufolge das Altelamische über das Mittelelamische oft ohne Weiteres an das Neuelamische anschließen.

Deutewort »Suffix«

»K« und »r« sind laut R. Labat personenbezogene Singular-Suffixe. Während das Suffix »-k« sich auf die sprechende Person (ich) bezieht, weist das Suffix »-r« auf die andere Person (du, er) hin. Für das Wort sunki (König) heißt sunki-k: (ich) der König; sunki-r: (du, er) der König.

Das personenbezogene Plural-Suffix lautet »-p«. Sunki-p bedeutet also (wir, ihr, sie) die Könige.

Während sich die beschriebenen Suffixe auf Personen beziehen, deutet das Suffix »-me« auf einen Zustand bzw. auf eine Sache hin: »sunki-me« (das Königtum).

Die Suffixe »-k«, »-r«, »-p« und »-me« sind die meist benutzten in der elamischen Sprache.

Die Suffixe sind im Elamischen unabhängig von dem Wort, hinter dem sie stehen, und dürfen nicht als Flexion des Wortes betrachtet werden. Das Wort selbst bleibt unverändert.

Substantive und Adjektive

Die Adjektiv-Endung im Elamischen ist laut G. Hüsing »-rra«. Nach Th. Kluge (55) besteht die Bildung des Adjektivs in der Auszeichnung durch das Suffix »-irra«: bapili (Babylon), bapilirra (ein Babylonier); ruhu (Mensch), ruhirra (ein Mensch).

Bei den Substantiven und Adjektiven wird die Geschlechtsart nicht berücksichtigt und der Plural wird nur bei Personen durch das Anfügen des Suffixes »-p« bzw. »-ip« gebildet: sunki (König), sunki-p (die Könige); nap (Gott), nap-(i)p (die Götter).

Elamische Eigennamen

Die meisten elamischen Namen haben in sich einen Sinn, vielfach bestanden sie sogar aus ganzen Sätzen (56). Hierzu einige Beispiele von elamischen Königsnamen:

Untash-napirisha	= mir half der große Gott Napirisha
Shutruk-Nahunte	= der vom Sonnengott Rechtgeleitete
Shilhak-Inshushinak	= der von Gott Inshushinak Gestärkte
Huteludush-Inshushinak	= seinem Tun ist Gott Inshushinak hold
Attahamiti-Inshushinak	= Inshushinak ist ein treuer Vater
	(s. Kapitel »Elamische Geschichte«)

Das Verbum

Was in den indogermanischen Sprachen durch Flexion und Wurzelveränderung ausgedrückt wird, wird im Elamischen agglutinierend durch die Suffixaufnahme ausgedrückt.

Die Wurzel der elamischen Zeitwörter ist normalerweise vom Typ wie »turu« (sprechen) – bestehend aus Konsonant, Vokal, Konsonant, Vokal.

Andere Typen von Zeitwörtern, die seltener vorkommen, sind von der Art:

a) monosilbisch wie »tu« (erhalten), »ta« (setzen, stellen)
b) bisilbisch wie »uri« (glauben), »uzzu / uzzi« (wandeln, gehen)
c) multisilbisch wie »ahani« (plündern, fressen), »salhupa« (schmücken)

R. Labat beschreibt die einfachste Form des elamischen Verbums am Beispiel von »hutta« (machen), das als Hilfsverb am meisten im Elamischen gebraucht wird, wie folgt:

hutta-h	ich mache, ich machte
hutta-t	du machst, du machtest
hutta-s	er macht, er machte
hutta-hu	wir machen, wir machten
hutta-h-ti	ihr macht, ihr machtet
hutta-h-si	sie machen, sie machten

Die Suffixe für Verben sind also anders als die Suffixe der Nomina.

Die 2. Person Singular und 2. Person Plural dienen zur Bildung des Imperativs:

hutta-t!	mache!
hutta-h-ti!	macht!

Das Partizip Perfekt des Verbs lautet »hutta-k« (gemacht) für Singular und Plural sowie für Personen und Sachen.

Personalwörter

takki-me u-me	mein Leben
kullak u-me	mein Gebet
kullak nika-me	unser Gebet

Verneinung

Die Verneinung wird mit »in-« gebildet. Beispiele hierzu lauten:

ink	ich nicht
inr	er nicht
inp	sie nicht (Mehrzahl)

Der Satzaufbau

Der elamische Satz beginnt mit Substantiven und endet mit Verben. Die Reihenfolge der Substantive hängt von deren Wichtigkeit ab.

Suffixe sind ein charakteristischer Bestandteil des elamischen Satzes und bilden dessen Rückgrat.

Um den Satz verständlich zu machen, ist man wegen des Fehlens des Possessivpronomens bestrebt, die Nomina wiederholt mit Suffixen auch dort zu versehen, wo es nicht unbedingt notwendig erscheint. Das Gleiche gilt für die Zeitwörter, wo man überall Stützen dieser Art zwecks Erleichterung des Verständnisses verwendet.

Gebrauch von Kosenamen

Elamer gebrauchten mit Vorliebe manche Wörter in Koseform, zum Beispiel: »shilha« (stark) als »shilhaha«; »shuri« (Heil, Glück) als »shuriri«; »zulli« (möglicherweise Wassergabe) als »zullili«; »siri« (wahr) als »siriri«; »sinu« (sich freuend) als »sinunu«. Auch die Namen von einigen Königen und Landesfürsten wurden, wie aus den Dokumenten hervorgeht, in Koseform gebraucht: Humban-haltash als Humbaba; Humban-numena als Menena; Shutruk-Nahunte als Shutruru.

Stellenwert der elamischen Sprache

Nach Th. Kluge handelt es sich beim Elamischen um eine archaische Sprache, die älter ist als die sumerische; es bietet Sprachformen, wie man sie in solch ursprünglicher Form bei keiner anderen Sprache der alten Welt (abgesehen vom Chinesischen) findet.

Hinsichtlich des Stellenwertes der elamischen Sprache schreibt der Autor: »Das Indogermanische hat das temporale Element des Vorgangsausdrucks ausgebaut, das Semitische vorzugsweise die Aktionsart – das Elamische hat beides.« Insofern hält er Elamisch für eine bedeutende Sprache.

Protoelamische Schrift (um 3200 v. Chr.)

Die vorhandenen Befunde über protoelamische Schrift erfordern laut M. W. Stolper (57) die Unterscheidung zwischen drei Textgruppen, die alle als protoelamisch charakterisiert werden:

- numerische Tafeln
- protoelamische A-Administrativtafeln
- protoelamische B-Strichschrift

Bei der oben genannten Zeitangabe handelt es sich um eine Schätzung, die sich auf die erste Erscheinung der protoelamischen A-Administrativtafeln bezieht.

Die protoelamische Schrift in ihrem frühesten Stadium mag es noch einige Jahrhunderte früher gegeben haben.

Numerische Tafeln

Die ersten in Susa gefundenen Tafeln enthalten lediglich Zahlen und Siegelaufdrucke. Es handelt sich um eine Aufzeichnungstechnik, die aus der noch älteren Methode der Aufzeichnung auf Hohlraum-Lehmkugeln entwickelt wurde, auf deren Oberfläche das Siegel eingeprägt wurde. Die Lehmtafeln bzw. Lehmkugeln wurden zum Zweck der Kontrolle des Transports und der Überwachung von Waren verwendet, die sie begleiteten.

Die numerischen Tafeln müssen eher als Mittel zur rechnerischen und administrativen Aufzeichnung angesehen werden und weniger als dauerhafte Dokumentation von Ereignissen. Sie enthalten auch keine wichtigen spezifischen Informationen.

Vergleichbare numerische Tafeln sind in Chogha Mish, Tape Sialk und Godin Tape gefunden worden. Zusammen mit anderem gefundenen Material liefern sie den Beweis dafür, dass sie in der Zeit zwischen Mitte und Ende des vierten vorchristlichen Jahrtausends entstanden sind.

Protoelamische A-Administrativtafeln

In protoelamischen Lehmtafeln werden sowohl numerische als auch nichtnumerische Zeichen verwendet. Die nichtnumerischen Zeichen beinhalten sowohl Bild- als auch geometrische Figuren. Die Anzahl der

Zeichen ist beträchtlich: Obwohl etwa 5500 minimal voneinander unterschiedliche und 100 gemeinsame Zeichen festgestellt worden sind, gehen die neuen Untersuchungen von 400 bis 800 deutlich unterschiedlichen Zeichen aus.

Alles deutet daraufhin, dass die Schrift zur Beschreibung von Ereignissen verwendet wurde. Die frühesten in Susa gefundenen protoelamischen A-Administrativtafeln stammen aus der Zeit um 3200 v. Chr. Die geografische Verbreitung dieser Tafeln ist bemerkenswert. Die überwiegende Anzahl stammt aus Susa; eine kleine Anzahl der Tafeln bzw. Fragmente, die diese Schrift tragen, wurden in Tape Sialk in der Nähe von Kashan, in Tape Yahya in Kerman, in Tall-i Malyan in Fars und in Shahr-i-Sokhte in Sistan ausgegraben.

Trotz allgemeiner Ähnlichkeit der elamischen Schrift mit der altsumerischen Schrift in Südmesopotamien unterscheidet sich ihr Aufbau erheblich. Bei der protoelamischen Schrift handelt es sich laut M. W. Stolper (57) um eine unabhängige Entwicklung, die sich auf dem elamischen Gebiet vollzogen hat. Sie kennzeichnet eine kulturelle Grenze zwischen Mesopotamien und dem historischen Elam, bestehend aus Susiana und dem nördlichen sowie östlichen Hochland (Awan und Anzan).

Die Entwicklung der Schrift in Elam erfolgte laut M. Lambert unabhängig von der der Sumerer. Die sumerische Schrift wurde nicht etwa kopiert, man übernahm lediglich deren Prinzip, d. h. die Verwendung von Begriffszeichen. Was aber die Nummerierung und die Art der Zeichen betrifft, wählte man ein eigenes System.

Die Bilderschrift hatte den Nachteil, dass viele Begriffe nicht gezeichnet werden konnten. Darüber hinaus hatte das gleiche Zeichen mehrere Bedeutungen, sodass Missverständnisse nicht auszuschließen waren. Die Deutung schwieriger Sachverhalte war ohnehin nicht möglich.

Anstatt die Begriffe in Form von Bildern zu malen, ging man später dazu über, deren Laut zu verzeichnen. Aus der Wortbilderschrift (Abb. 11) entwickelte sich in den Jahrhunderten nach 2900 v. Chr. eine Silbenschrift, in der auch Wortzeichen vorkamen (46).

In Elam und im Zweistromland entstand so die Strichschrift (Abb. 12), mit der – anders als in der Bilderschrift, die zur Vermittlung kommerzieller und wirtschaftlicher Sachverhalte Verwendung fand – nun auch der Ausdruck von politischen und religiösen Sachverhalten ermöglicht wurde.

Protoelamische B-Strichschrift

Die dritte Gruppe der Dokumente, die allgemein als protoelamisch bezeichnet werden, besteht laut M. W. Stolper aus neunzehn Inschriften auf Statuen, Gefäßen oder großen Lehmtafeln. Siebzehn Inschriften stammen aus Susa, eine stammt von einem Friedhof in Shahdad (*Kerman*) und eine wurde vermutlich in Marv Dasht gefunden.

Die Texte bestehen aus weniger als einhundert Zeichen. Man schrieb gewöhnlich von oben nach unten, manchmal auch von unten nach oben. Die Zeichen beginnen mal in der linken und mal in der rechten Ecke (Abb. 13).

Aufgrund der verblüffenden Ähnlichkeit der Zeichen der elamischen Strichschrift mit akkadischen Zeichen wurde, so W. Hinz (58), eine lautliche Gleichheit unterstellt. Tatsächlich erstreckt sich die Parallelität zwischen beiden Schriften lediglich darauf, dass sowohl Elamer als auch Sumerer aus gleichen Bildern durch allmähliche Vereinfachung gleiche Zeichen entwickelt haben, wahrscheinlich nicht ohne wechselseitige Beeinflussung.

Die protoelamische B-Strichschrift wurde um 2200 v. Chr., also in der Awan-Epoche, verwendet. Danach verschwand sie allmählich und wurde durch die akkadische Strichschrift ersetzt, aus der dann die Keilschrift hervorging.

Die akkadische Strichschrift wurde allerdings von den Elamern nach eigenem Geschmack umgeformt. Die geliehene Schrift sollte im Einklang mit der nun nicht mehr gebrauchten eigenen Schrift möglichst überwiegend aus Silben bestehen. So wurde der ganze Ballast an Wortzeichen und sonstigen Mehrdeutigkeiten weggelassen. Hierbei verwendete man Silben, die der eigenen Sprache am nächsten waren (53). Die Schrift ähnelte der Stenografie, wie M. Lambert es ausdrückt (48). Den Elamern ging es in erster Linie um die praktische Nutzung und Wirksamkeit. Was sie von ihrer Schrift verlangten, war laut M. Lambert:

a) Wirtschaftsleben zu erleichtern,
b) religiöse Zitate auf Steintafeln zu verewigen,
c) Zeugnis über die errichteten Bauten und erbeuteten Güter zu geben und
d) bestimmte Kenntnisse, wie z. B. über die Bearbeitung des Feldes, weiterzugeben.

In der alt- und mittelelamischen Epoche bestand die Schrift aus 174 Silbenzeichen und um die 25 Wortzeichen (Logogramme) (53).

In der Regierungszeit des persischen Großkönigs Darius um 520 v. Chr. schufen die Elamer zusammen mit den Aramäern die altpersische Keilschrift. Diese Schrift (nach W. Hinz ein Mittelding zwischen Silben- und Buchstabenschrift) hatte laut W. von Soden 36 Silbenzeichen und wenige Wortzeichen und diente zur Aufzeichnung von Inschriften der persischen Könige in Altpersisch, Neuelamisch und Babylonisch, wodurch die Entzifferung der skizzierten Keilschriftsysteme (wie bereits am Anfang dieses Kapitels erwähnt) erst ermöglicht wurde.

Elamische Inschriften

Die elamischen Inschriften reichen von der Regierungszeit von Naram-Sin (2254–2218 v. Chr.) bis zur Regierungszeit von Artaxerxes III (358 bis 337 v. Chr.) (56). Da die Elamer der Gnade ihrer Götter sicher waren, behielten sie ihnen ihre sämtlichen Schriften vor (46).

Die meisten elamischen Inschriften stammen aus der klassischen Epoche Elams (um 1300–1100 v. Chr.): Shutruk-Nahunte (um 1165 v. Chr.), der eine wahre Leidenschaft für die Sammlung von Denksteinen hatte, erbeutete bei seinen Kriegszügen viele Stelen und brachte diese nach Susa, um sie dem Tempel Inshushinaks zu widmen. W. Hinz bemerkt (59), dass der Historiker mit der Sammelleidenschaft dieses Königs sehr einverstanden ist, weil er die Stelen meist beschriftet und damit aussagefähig gemacht hat.

Auf einer Stele, die dieser König im östlichen Bergland Anzan aufgestöbert hatte, ist laut W. Hinz zu lesen: »Den König, der sie gesetzt hat, kenne ich nicht. Da Gott Inshushinak mir beistand, nahm ich sie an mich und brachte sie auf den Weg nach Susa, über Kutkin und Nahutirma.« Letztlich kam die Stele in Susa an. Der letzte Satz der Inschrift lautet: »Um meines Heiles willen habe ich den Denkstein vor meinem Gott Inshushinak aufgestellt, und Ihn zu ehren habe ich Seinen Namen darauf gesetzt.«

Eine andere, von Untash-Napirisha gestiftete Stele, war ihm im heiligen Bezirk »Sijankuk« von Untash-Stadt (heute *Chogha Zanbil* genannt) aufgefallen. Auch diese Stele wird schließlich nach Susa gebracht; auf ihr ist zu lesen (59): »Diesen Denkstein hat Untash-Napirisha im Heiligen Bezirk aufgestellt. Dem Geheiß von Gott Inshushinak folgend, nahm ich, Shutruk-Nahunte, die Stele an mich und stellte sie in Susa vor meinem Gott Inshushinak auf.«

Auch die Beute, die Shutruk-Nahunte bei seinem Kriegszug gegen Babylonien um 1160 v. Chr. nach Susa brachte, wurde im Hof des Inshushinak-Tempels untergebracht. Dieser Ort mit seinen zahlreichen Statuen und Stelen verwandelte sich auf diese Weise, wie W. Hinz es beschreibt, zu einem förmlichen Steinwald.

Was die Sammelleidenschaft der Elamer anbetrifft, bemerkt M. Lambert (48), dass die Elamer nicht deshalb in den Kampf zogen, um ihr Leben zu verteidigen oder Rache zu üben; sie hatten keinen Hass auf ihre Gegner. Sie gingen wie die Jäger vor und hüteten sich dabei, die erbeuteten Gegenstände zu zerstören. Im Gegenteil, sie brachten diese heim, um sie triumphal bei sich auszustellen, ohne sinnlose Verstümmelung. Sie waren stolz darauf, im Besitz von Objekten wie Hammurabi-Kodex, Stele von Naram-Sin und Obelisk von König Manishtusu zu sein, die man heute noch in fast tadellosem Zustand im Louvre-Museum besichtigen kann. Man würde meinen, es ging ihnen dabei nicht um die Beute, sondern vielmehr um die verlockende Siegestrophäe.

Elamische Geschichte

Einleitung

Sumerische Texte erzählen von Legenden und Mythen, von der Erschaffung der Welt, von Königen mit erstaunlich langen Regierungszeiten und von einer mächtigen Flut, die die Welt zu entvölkern drohte.

Sie erzählen, dass nach dem Abebben der Gewässer ein Königreich vom Himmel auf die Stadt Kish im Norden Babyloniens herabgestiegen war und dort eine Dynastie von langlebigen Herrschern regiert hatte, so G. G. Cameron (60).

Der älteste Text, in dem die historische Tradition zusammengefasst wurde, ist die große sumerische Königsliste (61). Sie reicht von der Flut bis zur Zeit ihrer Abfassung in der Isin-Dynastie um 2100 v. Chr. und besteht hauptsächlich aus der Aufzählung der Könige mit Angabe der Zahl ihrer Regierungsjahre und ihrer Zusammenfassung zu Dynastien.

Der Name eines Königs der ersten Dynastie von Kish wird jedoch mit einem wichtigen Ereignis in Verbindung gebracht. Es handelt sich um das erste politische Vorkommnis nach der Flut: »Enmenbaragisi trug die Waffen des Landes Elam als Beute davon.« Inschriften aus dieser Zeit bestätigen aus historischer Sicht den Namen dieses Herrschers von Kish (um 2600 v. Chr.), nicht jedoch seine Errungenschaften im Lande Elam. Ein anderer König der ersten Dynastie von Kish mit dem Namen Enna-il, der in der Königsliste nicht erwähnt wird, erinnert in einer Inschrift, so W. M. Stolper, ebenfalls an einen Krieg gegen Elam (15).

Bereits in der grauen Frühzeit zeigt sich ein Leitmotiv, das für alle Zeiten das Verhältnis zwischen Elam und Mesopotamien geprägt hat: eine Erbfeindschaft, die, so W. Hinz (62), nur durch wirtschaftliche und kulturelle Wechselbeziehungen gemildert erscheint.

In der nachfolgenden Abteilung der Königsliste (erste Dynastie von Uruk) werden genannt:
a) König Meskengasher; hier heißt es: »Meskengesher drang in das Meer ein, stieg auf das Gebirge.« Diese Darstellung könnte sich laut G. G. Cameron auf den Persischen Golf und das elamische Hochland beziehen.
b) König Enmerker

c) König Lugalbanda
d) König Dumuzi
e) König Gilgamesh

Literarische Traditionen der Sumerer berichten unabhängig von der Königsliste von diesen Herrschern und deren Auseinandersetzungen mit Elam. Im
Epos von »Enmerker und der Herr von Aratta« stellt der sumerische Held
wiederholt Forderungen an den Herrscher von Aratta über wertvolle Metalle und Lasursteine. Es wird vermutet, dass Aratta im Osten Elams lag.

Im »Epos von Lugalbanda« heißt es, dass der Held zwecks Belagerung
über die Berge von Anzan nach Aratta reiste.

Die literarische Tradition zu Gilgamesh verweist auf seine kriegerischen
Heldentaten am Ulai-Fluss (heutiger Name *Karkheh*) und in den nördlich
liegenden Bergen.

Während diese Heldensagen an die tatsächlich stattgefundenen Kriegs-
handlungen und Handelsstreitigkeiten mit den früheren elamischen Zentren erinnern, kann der Gehalt ihrer Wahrhaftigkeit aus neutraler Sicht
nicht beurteilt werden (15).

Texte aus Nippur beschreiben laut P. Dhrome (63) die Herrschaft von
Awan über Ur: »Das Königtum von Ur ging über an Awan.« Die Liste von
A. Poebel (64) ist an der Stelle, an der die Namen der awanischen Könige
stehen, beschädigt; sie enthält jedoch die Anzahl der Könige und ihrer Regierungsjahre: »Insgesamt drei Könige regierten 356 Jahre.« Da der letzte
dieser drei Könige 36 Jahre regierte, bleiben 320 Jahre Regierungszeit für
die beiden anderen, d. h. für jeden 160 Jahre, so P. Dhrome. Man befindet
sich somit in der Zeit der Legenden. Hervorzuheben ist, so der Autor, die
uralte Streitigkeit und der Wechsel der Machtführung zwischen Elam und
Mesopotamien.

Die Tatsache, dass die Ur-Dynastie durch die Awan-Dynastie abgelöst
wurde, ist ein Zeichen für die Einmischung der Elamer in die Angelegenheiten der Sumerer und Akkader schon in sehr frühen Epochen. Im
Zweistromland folgte die zweite Dynastie von Kish. In den Texten heißt
es: »Awan wurde mit Waffen geschlagen, das Königtum ging über an
Kish.«

Für eine Zeit konnte das Zweistromland seine Unabhängigkeit erlangen,
aber die nachfolgende Regierung in der Stadt Hamazi zeigt die Rückfüh-
rung der Macht an das nördliche Hochland Elam (60).

Die geografische Lage von Awan ist nicht eindeutig ermittelt. Aus den Quellen lässt sich jedoch schließen, dass Awan im Gebiet des heutigen Dezful gelegen haben dürfte (62). Die Reichshauptstadt Susa war zu diesem Zeitpunkt allein wirtschaftlich von Bedeutung. Aus den auf Lehm geschriebenen Dokumenten aus Susa geht hervor, dass das politische Schicksal dieser Stadt zu diesem Zeitpunkt eng mit dem nördlich von Susa gelegenen Hochland verbunden war.

Die Verbindung von dem Flachland Susiana im Süden und dem vor allem von Nomaden bewohnten Gebirgsland im Norden war die Voraussetzung für das Überleben des Landes, sie bildete die Grundlage für die geschichtliche und wirtschaftliche Entwicklung Elams. Während Susiana als wasserreiches und fruchtbares Land Getreide und Früchte erzeugte, galt das Hochland als Lieferant für Gehölze und Erze. Beide Gebiete bildeten einen Bundesstaat mit einer höchst komplizierten Struktur. Es waren anscheinend jahrhundertelange Anstrengungen nötig, um die Susianer und die überwiegend nomadischen Völker des Hochlandes zu einigen. Es scheint, dass diese Aufgabe den führenden Herrscherpersönlichkeiten am besten gelang, die ausnahmslos aus dem Hochland stammten.

Awan-Dynastie – um 2600–2100 v. Chr. (siehe Zeittafel I)

Über die frühe Geschichte von Elam gibt es viele Unsicherheiten. Dessen Aufnahme in der Königsliste deutet darauf hin, dass es sich bei diesem Reich um eine der führenden politischen Mächte im Alten Orient handelte.

Viele der wertvollsten Texte über Elam stammen aus den damaligen benachbarten Ländern in Mesopotamien und legen den Nachdruck auf die feindlichen Kontakte zu diesem Land. Dieses schiefe Bild wird laut M. W. Stolper nur teilweise durch eigene Texte, vor allem aus Susa, ausgeglichen (65).

Laut W. Hinz hat es sehr früh ein mächtiges elamisches Reich von Awan gegeben, das anscheinend längere Zeit hindurch die Oberherrschaft über das Zweistromland aufrechterhalten konnte. Um 2550 v. Chr. gelang es einem König von Kish, sich vom elamischen Joch wieder zu befreien.

In den Inschriften der ersten Dynastie von Lagash berichtet Eannatum von Lagash über einen Sieg über Elam und vor allem über Susa (um 2450 v. Chr.). Es ist jedoch sicher, dass elamische Überfälle weiterhin bis tief ins Zweistromland reichten, denn in der Amtszeit von Enetarzi um

2370 v. Chr. wurde Lagash von einer Schar von 600 Elamern geplündert (15).

Nach einer Zeit, die vermutlich von Unruhen geprägt war, kam in Awan eine neue Dynastie von zwölf Königen auf (s. Zeittafel I). Aus dem beiliegenden Abschnitt der sumerischen Königsliste geht hervor, dass die Awan-Dynastie wohl vor 2360 v. Chr. begonnen hatte (66).

Verlässliche altbabylonische Abschriften der Inschriften von dem akkadischen Herrscher Sargon (2334–2279 v. Chr.) erinnern an Siege über Elam und Warahshi. Das Gebiet Warahshi (das, wie es scheint, immer mit Elam treu verbunden war) vermutete man in dem im Norden bzw. Nordwesten von Khuzistan gelegenen Hochland, es ist jedoch eher wahrscheinlich, dass Warahshi in der zentralen bzw. östlichen iranischen Hochebene im Norden bzw. Osten der Fars-Provinz lag (15). Mit dem Beginn der Regierungszeit dieses akkadischen Königs bekommt die Geschichte zum ersten Mal feste Konturen. Diesem Herrscher gelang es zum einen, die ruhelosen Bergvölker im Zagros unter Kontrolle zu halten, und zum anderen, die elamische Bedrohung für Mesopotamien auf lange Zeit hinaus zu bannen; er nennt sich darum »König von Kish, Bezwinger von Elam und Warahshi« (62).

Zuverlässige Kopien der Inschriften von Sargon berichten, dass unter den unterlegenen Herrschern sich auch Luhishan, der Sohn des elamischen Königs Hishiprashini, befand. Hierbei handelt es sich um das erste sichere zeitbezogene Ereignis der Geschichte Elams. Unter den geplünderten Städten befinden sich auch Susa und Awan. Die Texte liefern eine sehr wichtige Information über die elamischen Herrscher: Eine Liste beginnt mit den Namen von »zwölf Königen von Awan«. Es sind weder Regierungszeiten noch Verwandtschaftsbeziehungen zwischen den Herrschern angegeben; die ersten sieben Namen kommen in keinem anderen Text vor (67). Wenn diese Liste die ununterbrochene Nachfolgeschaft der elamischen Herrscher wiedergibt, kann die Dynastielinie bis 2500 v. Chr. reichen. Peli war der Gründer der Dynastie, seine Nachfolger waren, wenn man den Namen Glauben schenken darf, alle echte Elamer.

Sargon beließ Luhishan anscheinend als seinen Vasallen auf dem elamischen Thron; nach seinem Tod bzw. seiner Ermordung folgte ihm Hishepratep als neunter König von Awan, der seinerseits dem akkadischen Herrscher Tribut überbringen ließ.

Im Übrigen liegt in der Inschrift von Sargon ein Fehler vor, der auf mangelnde Kenntnis der sargonischen Schreiber zurückzuführen ist, denn bei Luhishan oder eher Luhhishshan handelt es sich um den achten König der Awan-Dynastie und Hishiprashini bzw. eher Hishepratep ist der Nachfolger und möglicherweise der Sohn von Luhishan.

Das Reich Sargons dehnte sich in kurzer Zeit relativ schnell aus, es löste sich allerdings auch schon bei den ersten Zeichen des Aufruhrs auf und Sargon selbst war das Opfer dieses Aufruhrs. Ihm folgte sein Sohn Rimush, der ganz Babylonien unter seine Kontrolle bringen konnte; sein Hauptziel war jedoch das östliche Land Awan, denn Sargons Sieg in diesem Gebiet scheint nicht vollständig gelungen zu sein (68).

Kaum war Rimush an der Macht, nutzten Hishepratep von Elam und Abalgamash von Warahshi gemeinsam die Gelegenheit, sich vom sargonischen Joch zu befreien.

Nachdem Rimush ganz Babylonien unter seine Kontrolle gebracht hatte, wo es Aufstände und Rebellionen gab, schaute er ostwärts, nahm die Stadt Der (heutiger Name *Badrah*) ein und folgte der gleichen unwegsamen Route wie einst sein Vater Sargon und drang ins susianische Flachland ein. Ein weiteres Gefecht fand zwischen Susa und Awan am Fluss Kabnit statt, bei dem es sich laut W. Hinz wahrscheinlich um den Fluss Balarud handelt, der in den Dez mündet (62). Wie tapfer die Bergländer auch Widerstand leisteten, Rimush trug den Sieg davon. Befestigungen der elamischen Städte wurden demoliert und Schätze geplündert.

Ausgrabungen in Nippur und Ur geben Zeugnis davon, dass Rimush die »aus der Beute von Elam« stammenden Vasen seinem Gott Enlil weihte; aus dieser Beute stiftete er dem Gott Enlil außerdem 30 Pfund Gold und 3600 Pfund Kupfer.

Abschriften der altbabylonischen Inschriften erwähnen unter Rimushs Gegnern einen König und einen Vizekönig aus Warahshi, aber keine elamischen oder awanischen Herrscher. Hishepratep scheint bei dieser Schlacht glimpflich davongekommen zu sein.

Rimush wurde von seinem Bruder Manishtushu (2269–2255 v. Chr.) ermordet. Der zeitgenössische Herrscher von Elam war wohl der zehnte awanische König Helu. Eshpum, der Gouverneur Elams, weihte in Susa ein Standbild von Manishtushu, auf dem er sich »Diener von Manishtushu« nennt. Die akkadische Herrschaft über Elam wurde fortgesetzt. Helu trat weiter nicht in Erscheinung, möglicherweise war er in den nördlichen und nordöstlichen Bergen aktiv. Truppen von Manishtushu konnten, wie seine Inschriften vermitteln, das elamische Meerland erobern. Er schritt weiter gen Osten; in einer Inschrift von ihm heißt es (62): »Den König von Anzan und Sherihum führte ich mit Gaben und Geschenken dem Sonnengott (Shamash), meinem Herrn, zu.« Gegnerische Krieger von 32 Städten wurden geschlagen, wertvolle Steine und Metalle konnten über den Persischen Golf nach Babylonien gebracht werden.

Hochländer, immer geneigt, gegen die fremde Herrschaft aufzubegehren, setzten daran, ihre Chance nach dem Tode von Manishtushu zu nutzen, als es in einigen eroberten Gebieten Babyloniens zum Aufruhr kam. Ein anderer Gegner von Manishtushus Nachfolger Naram-Sin (2254–2218 v. Chr.) war Hubshumbiki, König von Warhashi. Möglicherweise hat der elfte elamische König Hita einige Gegner Naram-Sins um sich vereinigt, um gegen den akkadischen König vorzugehen (69). Naram-Sin erwies sich allerdings als zu stark für seine Gegner: »Das ganze Elam« und Warahshi kamen unter seine Kontrolle.

Literarische Aufzeichnungen belegen die Unterdrückung einer großen Rebellion in den von Naram-Sin eroberten Ländern. Unter den besiegten Rebellen befinden sich die Könige von Meluha und Warahshi, nicht jedoch jemand, dessen Name als einer der zwölf Könige von Awan identifiziert werden kann (68).

Das akkadische Reich erstreckte sich in der Regierungszeit Naram-Sins vom Osten Anatoliens über Zagros bis Mekran im Südosten Irans. Seine Inschriften erwähnen jedoch keinen Krieg gegen Elam (70).

Während der Herrschaft dieses Königs rückt Elam ins Licht der Geschichte. In dieser Zeit wird Susa mehr und mehr akkadisiert; altakkadische Texte bescheinigen den Gebrauch von akkadischer Sprache, Pädagogik und Verwaltungstechniken in Susa. In anderen Gebieten Elams bleibt die einheimische Sprache und Kultur von dieser Entwicklung verschont. Einen Beweis dafür liefert der Vertrag zwischen Naram-Sin und einem elamischen König (Hita, laut W. Hinz), der in elamischer Sprache verfasst wurde. Dieser Vertrag, der als erste Geschichtsurkunde Elams gilt, beginnt mit der Anrufung der elamischen Göttin Pinigir.

Dieser Vertrag beinhaltet den Satz: »Naram-Sins Feind ist auch mein Feind, Naram-Sins Freund ist auch mein Freund!« Wenn es sich hierbei um einen wirklichen diplomatischen Vertrag handelt, so haben die Verfasser dieses Vertrages in den Beziehungen zwischen Elam und Akkad einen gewissen Grad an Autonomie für Elam vorgesehen, was in den rhetorischen mesopotamischen Königsinschriften nicht klar feststellbar ist. Bei der angeblichen akkadischen Herrschaft über »das ganze Elam« wird es sich eher um eine Entente zwischen beiden Ländern gehandelt haben. Naram-Sin hatte dadurch die Möglichkeit, sich mit seinen anderen Gegnern zu beschäftigen (68).

Der Vertrag zeigt, dass Naram-Sin Wert auf das Bündnis mit Elam gelegt hat. Wahrscheinlich ging es ihm darum, sich die Gutier, im Norden zwischen Hamadan und Urumiahsee angesiedelt, vom Leib zu halten (70). Als er jedoch Gutium angreift, dreht sich das Blatt gegen ihn und er muss eine schwere Niederlage erleiden: Naram-Sin wird von den Gutiern umgebracht.

Ihm folgt sein Sohn Sharkalisharri (2217–2193 v. Chr.), der sich während seiner ganzen Regierungszeit mit den Gutiern auseinandersetzen muss. Das Land Akkad wird von Gutiern überrannt; Sharkalisharris Versuch, die Gutier zurückzudrängen, bleibt vergeblich. Mit seinem Tod endet auch die akkadische Dynastie.

Der Inhalt der zeitgenössischen schriftlichen Zeugnisse übermittelt das folgende Bild von den politischen Verhältnissen Elams während der akkadischen Zeit (68): Susa und das Flachland Susiana waren von der Zeit Rimushs bis zur Zeit Sharkalisharris ein Bestandteil des von Akkad eroberten Gebietes. Unter akkadischem Schutz regierten die lokalen Herrscher als »Gouverneur von Susa« bzw. »Vizekönig von Elam«. Das politische Machtzentrum von Elam lag jedoch nicht in Susa, sondern in Awan im lorischen Bergland.

Außerhalb Elams befand sich, dem Lande Akkad gegenüber, das diesem feindlich gesinnte Königtum Warahshi im östlichen Susiana. Elamische Fürstentümer zwischen Susiana und Warahshi, deren Verhältnis zu Akkad durch zeitweilige Kriegsführung und Diplomatie gekennzeichnet war, galten als autonom.

Beim eintretenden Zerfall des akkadischen Staates scheinen die von diesem Land eroberten Gebiete im Südwesten Irans unter die Kontrolle Awans gefallen zu sein.

Kutik-Inshushinak (akkadisch: Puzur-Inshushinak), der zwölfte König Elams, fungierte wahrscheinlich zunächst als Landvogt von Susiana, noch im Dienst des akkadischen Königs Naram-Sin. Er ist der Sohn von Shinpihishkuk, der ein jüngerer Bruder von König Hita und somit Vizekönig von Elam gewesen sein dürfte (70). Beim Zusammenbruch Akkads, gegen Ende der Regierung von Sharkalisharri, setzte sich Kutik-Inshushinak für die politische und militärische Unabhängigkeit Elams ein. Sein Aufstieg wird in zahlreichen altbabylonischen Inschriften, vor allem aus Susa, dokumentiert.

In einer in Bruchstücken vorhandenen Inschrift nennt er sich, wie die früheren Herrscher von Susa, »Vizekönig von Elam« und berichtet über die von ihm ausgeführten Kriege. Nach Benennung von siebzig eroberten Städten schließt die Inschrift mit dem Hinweis darauf, dass Kutik-Inshushinak die Huldigung des Königs von Simash bekam. Dieser Ort wird ein Jahrhundert später der Sitz einer neuen, gleichnamigen Dynastie in Elam werden.

Auf zwei akkadischen Inschriften nennt sich Kutik-Inshushinak »mächtiger König von Awan«. Er führt die altelamische Strichschrift wieder ein. In einer in dieser Schrift verfassten Inschrift nennt er sich »König des Landes, ein Erwählter, ein Sieghafter«. In der Inschrift auf einer Stele heißt es, Gott Inshushinak habe »ihn gnädig angeblickt, ihm die vier Weltgegenden verliehen«(70).

In seiner Regierungzeit erlebt Elam eine nationale Glanzzeit. Er lässt einen Tempel für seinen Herrn Inshushinak in Susa errichten und mit Weihgaben ausstatten. Zu Ehren Inshushinaks wurden täglich zwei Schafe geopfert, Musiker sangen und spielten morgens und abends vor dem Haupteingang des Tempels. Ein Ehrenmal aus Stein aus diesem Tempel (Abb. 14) zeigt den König Kutik-Inshushinak kniend, während er der Gottheit einen Torriegel feierlich übergibt. Hinter ihm steht laut W. Hinz seine Gemalin, die Hände in betender Haltung nach oben hebend.

Die längste Inschrift Kutik-Inshushinaks in elamischer Strichschrift (Abb. 13) befindet sich neben einer abgebildeten Schlange in Stein gemeißelt und lautet (70): »Ich bin Kutik-Inshushinak, König des Landes, ein Erwählter. Als Bildwerk heilige ich diese Schlange. Dem Gott Inshushinak als Gottheit werde das Land zugeeignet! Der Opferpriester möge dem Land die Huld der Göttinnen erwirken! Den Dank dafür will ich der Gottheit darbringen. Der Gottheit der Stiftung wurde (diese) Schrift geweiht, gesetzt. Die Inschrift wurde durch göttliche Huld geheiligt. Dieses Land besitze ich. Als einem von der Gottheit Erwählten ward es mir bewahrt!«

Kutik-Inshushinak war eine starke Herrscherpersönlichkeit, der es gelang, die lang ersehnte Unabhängigkeit Elams herzustellen. Nach seinem Tod endet auch die Dynastie von Awan. Der Untergang der awanischen

Dynastie wurde wahrscheinlich durch den Ansturm der Gutier auf Elam und die damit verbundenen Unruhen im Land verursacht.

Mit dem Ableben von Kutik-Inshushinak verschwindet auch die altelamische Strichschrift endgültig und das Land taucht für eine lange Zeit in Vergessenheit. Elams Geschichte kann nun nicht mehr verfolgt werden.

Im zweiundzwanzigsten Jahrhundert wird Elam lediglich zweimal in Texten von Gudea, dem Stadtfürsten von Lagash (2143–2124 v. Chr.), erwähnt. Einmal wird von kriegerischen Unternehmungen von Gudea berichtet (71): »Mit der Waffe schlug er die Stadt Anshan, Elam. Die Beute davon brachte er Ningirsu ins Eninnu.« Und einmal wird darüber berichtet, dass »die Elamer aus Elam und die Bewohner von Susa aus Susa zu ihm (d. i. Gudea) kamen«, um, wie aus dem Text hervorgeht, beim Bau eines Tempels in Lagash mitzuhelfen (72).

Die Sätze deuten auch in dieser Zeit auf sowohl kriegerische Handlungen als auch friedliche Kontakte zwischen den sich in Auflösung befindlichen Zentren in Sumer und Elam hin. Während der Herrschaft der Gutier über Nordbabylonien scheint sich Elam wohl im Machtbereich der Fürsten von Lagash in Südbabylonien befunden zu haben (70).

Simash-Dynastie – um 2100–1900 v. Chr. (siehe Zeittafel II)

Nach Sharkalisharri folgte in Akkad eine Epoche, in der die totale Anarchie herrschte und die in der sumerischen Königsliste unter dem Begriff »Wer war König, wer war nicht König« bekannt wurde (73). In Nordbabylon sollen die gutischen Eindringlinge, wie in der sumerischen Königsliste berichtet wird, 125 Jahre und 40 Tage regiert haben (74, 75).

Die kurze Dauer der Regierungsjahre der einzelnen Könige (meist zwischen einem und sieben Jahren) ist ein Beweis für heftige Unruhen und innere Streitigkeiten in dieser Zeit. In mehreren Orten innerhalb des Zweistromlandes sowie in Warahshi, Susa und Anzan bildeten sich Zentren, die sich für ihre Unabhängigkeit gegen die gutische Herrschaft auflehnten. Der letzte König Gutiens, Tirigan, regierte ganze vierzig Tage.

Unterdessen formierte sich in Simash unter der Führung von Girnamme eine neue elamische Dynastie: die Dynastie von Simash. Die gleiche babylonische Tafelinschrift, in der die »zwölf Könige von Awan« aufgeführt sind (s. Abschnitt »Awan-Dynastie«), endet mit einer zweiten Aufstellung der

55

»zwölf Könige von Simash« (67). Die Namen der ersten drei Könige kommen in anderen Texten aus Susa nicht vor: Girnamme, Tazita und Ebarti.

In einem Text aus Shu-Sins (2037-2029 v. Chr.) sechstem Regierungsjahr erscheint der Name Kirname ohne Titel, jedoch zusammen mit den Namen der Herrscher von Warahshi und Su. Im gleichen Text wird auch der Name Ibarat der Su genannt. Ibarats Zeitgenosse Dazite, genannt »Mann« von Anshan, erscheint in den Texten von Amar-Sins (2046-2038 v. Chr.) achtem Regierungsjahr und Shu-Sins zweitem Regierungsjahr.

Die geografische Lage von Simash wird in der Nähe von Khorramabad vermutet, das Tal von Brudjerd gilt jedoch aufgrund der Verteilung der historischen Orte im vorchristlichen zweiten und dritten Jahrtausend eher als wahrscheinlich (76).

Um 2114 v. Chr. gründete Ur-nammu die dritte Dynastie von Ur. Dieser Dynastie gelang es, Südmesopotamien wieder zu vereinigen. Während der Herrschaft seines Nachfolgers Shulgi (2094–2047 v. Chr.) dehnte sich das Einflussgebiet der dritten Dynastie von Ur über das sumerische Land nach Osten und Norden hinaus.

In seinem siebten Regierungsjahr richtete Shulgi im Tempel der Stadt Der (heute *Badra*) den Gott Sataran wieder her; von hier aus schritt er nach Warahshi. In seinem vierzehnten Regierungsjahr verheiratete er seine Tochter mit dem dortigen Herrscher (77).

In seinem achtundzwanzigsten Regierungsjahr eroberte Shulgi Susiana. Ihm war es anscheinend gelungen, die einheimische Priesterschaft für sich zu gewinnen, indem er in der Stadt Susa dem Gott Inshushinak einen Tempel baute und mit vielen Weihgaben ausstattete; außerdem baute er dort für die große Göttin Ninhursag eine Heimstätte. Die Bronzestatuetten, Steintafeln und Bausteine aus diesen Bauwerken wurden tausend Jahre später von Shilhak-Inshushinak, und weitere fünfhundert Jahre später von den neoelamischen Herrschern in die Fundamente ihrer Tempelneubauten eingemauert.

Verwaltungstexte zeigen, dass Susa vom vierunddreißigsten Regierungsjahr Shulgis an von untergeordneten nichtelamischen Statthaltern regiert wurde. Sie trugen wie in früheren Zeiten den Titel »Landvogt von Susa« und »Vizekönig des Landes Elam«. Auch die Stadt Adamdun (heute *Shushtar*) wurde wahrscheinlich von untergeordneten Statthaltern regiert (68).

Die Herrschaft über Susiana bedeutete jedoch nicht die Kontrolle über

Elam. Shulgis Bemühungen, diplomatische Allianzen mit den elamischen Bergländern zu knüpfen, gingen weiter: In seinem einunddreißigsten Regierungsjahr verheiratete er eine seiner Töchter mit dem Herrscher von Anzan und bereits sein vierunddreißigstes Regierungsjahr erinnert an einen Krieg gegen Anzan.

Eine weitere königliche Vermählung fand in seinem achtundvierzigsten Regierungsjahr zwischen seiner Tochter und dem Herrscher von Bashime (in der Provinz Fars an der Küste des Persischen Golfes) statt. Diese Vermählungen erwiesen sich jedoch nicht als solide.

Die Bergvölker aus dem Norden waren schlicht nicht bereit, die Oberherrschaft der Sumerer aus dem Süden zu akzeptieren. In Anzan kam es bald zur Revolte gegen die fremde Herrschaft, hierbei bekam Anzan wahrscheinlich Unterstützung vom Königreich Simash, das bis dahin anscheinend von Shulgis kriegerischen Angriffen verschont geblieben war. Während das Flachland Susiana in dieser Epoche unter totaler Kontrolle der sumerischen Provinzherrscher stand, die für die Sicherung der Transport- und Versorgungswege sorgten, war das politische Verhältnis der Sumerer gegenüber dem Hochland von einer Kombination aus diplomatischen Bemühungen und bewaffneten Auseinandersetzungen gekennzeichnet.

Zur Verstärkung von Garnisonen und der Abwehr der östlichen Bergvölker schuf Shulgi in seinen letzten Regierungsjahren eine Art elamische »Fremdenlegion« auf mesopotamischem Boden (78). Die Legionäre, die Gruppen von fünf bis fünfundzwanzig Mann bildeten, stammten aus Susa, Anzan und Simash. Es handelte sich teilweise um elamische Kriegsgefangene, die auch als Boten bzw. Handwerker eingesetzt wurden. Sie bezogen eine tägliche Lebensmittelration, bestehend aus Gerstenbrot und Bier, und waren einem Großregenten, der im Dienst des Königs von Ur stand, unterstellt. Dieses System blieb noch für weitere drei Herrschergenerationen bestehen und richtete sich zum Schluss, wie sich zeigen wird, gegen seine Erfinder.

Während der Regierungszeit von Shulgis Nachfolger Amar-Sin (2046–2038 v.Chr.) war das Flachland Susiana verwaltungsmäßig eine Provinz innerhalb des Ur-Imperiums. Amar-Sin setzte die militärischen Aktivitäten gen Osten fort: In seinem zweiten Regierungsjahr führte er Krieg gegen Urbillum, im sechsten gegen Shashrum und im siebten gegen Huhnur.

In der Regierungszeit des Amar-Sin Nachfolgers Shu-Sin (2037–2029 v.Chr.) fand, wie in der Zeit Shulgis, wieder eine königliche Vermählung statt, wohl um das alte Bündnis zu erneuern: Eine Prinzessin aus Ur trat mit vielerlei Vorräten die lange Reise durch die Berge Bachtirans nach Anzan an. Doch im sechsten Regierungsjahr Shu-Sins verschlechterten sich die Beziehungen zwischen Ur und dem östlichen Hochland erneut. Über seine Feldzüge im Iran geben die Kopien der später erstellten Inschriften Aufschluss. Die Hauptziele bei diesen Feldzügen waren Simash und Anzan. In das siebte Regierungsjahr Shu-Sins fällt der Sieg über Zabshali, den Herrscher von Simash.

Das Flachland Susiana war während der gesamten Ur-III-Periode an die Provinzstruktur des Ur-Imperiums gebunden. Die beschrifteten Ziegelsteine in Susa bestätigen die fortdauernde Herrschaft von Shu-Sin in Susiana. Das politische Gleichgewicht im östlichen Bergland musste jedoch durch diplomatische Manöver bzw. Kriegsführung hergestellt werden: ein Beweis für die politische Autonomie dieses Gebietes.

Mit dem Regierungsantritt von Shu-Sins Nachfolger Ibbi-Sin (2028–2004 v. Chr.) änderte sich die politische Lage des Imperiums von Ur III; hierzu trugen die Angriffe aus Elam und Isin sowie interne Auflösungstendenzen bei. Der Simash-Herrscher Enpiluhhan unternahm von den Bergen herab einen Vorstoß ins elamische Flachland und befreite die Städte Awan (*Dezful*), Adamdun (*Shushtar*) und Susa. In Huhnur (20 km von Izeh entfernt) kommt es zu einer Revolte gegen Ibbi-Sin. Im Nordwesten stößt Eshbi-Erra der Herrscher von Isin aus Mari nach Nippur vor und greift dann Kazallu an. Der Herrscher (Ishakku) von Kazallu bittet Ibbi-Sin um Unterstützung.

Wie aus den Königsinschriften von Ibbi-Sin zu entnehmen ist (79), führte er in seinem neunten Regierungsjahr einen Krieg gegen Huhnur, außerdem wird von einem Sieg über Susa, Adamdun und Awan in seinem vierzehnten Regierungsjahr berichtet. Zehn Jahre später wird jedoch Ur von elamischen Truppen eingenommen, womöglich mit der Hilfe der elamischen Legionäre in Mesopotamien (78). Eine sumerische Hymne, die zu Ehren von Ishbi-Erra, dem Herrscher von Isin, verfasst wurde, schildert diesen Krieg. Demnach ist Ur von Kindattu, der in der babylonischen Königsliste (s. Zeittafel II) als sechster Herrscher der Simash-Dynastie aufgeführt wird, erobert worden.

Ibbi-Sin wird zusammen mit der Statue des Hauptgottes von Ur, dem Mondgott Nanna, nach Anzan verschleppt. »Wie ein Vogel, der seinem Nest entflogen, wie ein Fremder, der in seine Heimat nicht mehr zurückkehrt«, heißt es dazu in einem sumerischen Klagelied. Der letzte König von Ur III stirbt fern von der Heimat im elamischen Exil.

In Susa bemühte sich Kindattu um die Versöhnung mit der lokalen Gottheit und restaurierte dort den Tempel Inshushinaks.

Dem Simash-Herrscher Kindattu folgte Idaddu I (= Indattu-Inshushinak), Sohn von Pepi und Schwestersohn (ruhusak) von Hutran-Tempt. Er begann seine Laufbahn unter seinem Onkel Kindattu (der Bruder von Hutran-Tempt) als Landvogt von Susa und später als Landvogt von Susa und Vizekönig von Elam. Schon zu jener Zeit ließ er laut akkadischen Inschriften die verfallenen Befestigungen in Susa instand setzen und mit neuen Mauern versehen. Weiterhin ließ er eine Backsteinmauer für den Tempel Inshushinaks errichten und dort ein Wasserbecken zu Ehren Inshushinaks bauen. Kizra, Hubbu sowie andere Stadtteile von Susa ließ er verschönern (80).

Indattu-Inshushinak setzte nach der Besteigung des Throns seinen Sohn Tan-Ruhurater als Landvogt von Susa ein und vermählte ihn mit Mekubi, der Tochter des Fürsten von Eshnuna. Sie ließ für Inanna, die Göttin der Akropolis in Susa, einen Tempel errichten (80). Dem achten König der Simash-Dynastie Tan-Ruhurater folgte der aus der Ehe mit Mekubi gezeugte Sohn Idaddu (II).

In der Zeit, als Idaddu (II) noch unter seinem Vater Tan-Ruhurater Landvogt von Susa war, fanden umfangreiche Bautätigkeiten in Susa statt. Aus den Inschriften geht hervor, er habe dort die alten, mit Pechmörtel gebauten Umfassungsmauern im Tempelgebiet nicht erneuern, sondern durch neue Backsteinmauern ersetzen lassen.

Aus der Regierungszeit von Idaddu (II) wurde in Susa ein Siegelabdruck (Abb. 15) gefunden, der den Herrscher bei der Übergabe eines Stabes (anscheinend das Zeichen für Ministerwürde) an seinen Kanzler Kik-Simut zeigt. Die Göttin im Zottenrock ist Zeugin der Zeremonie.

Spätere elamische Herrscher, die von ihren Vorgängern recht verlässliche Kenntnisse hatten und diese auch stets überlieferten, schließen mit Idaddu (II) die Reihe der Könige der Simash-Dynastie (78).

Während die Herrscher von Simash in den Texten von dem späteren elamischen König Shilhak-Inshushinak als »Könige, meine Vorgänger« bezeichnet werden, benutzt Indattu-Inshushinak in seinen eigenen Texten den Titel Fürst (ENSI) von Susa und Vizekönig (GIR.NITA) von Elam.

In den Texten von Tan-Ruhurater und seiner Gemahlin wird Tan-Ruhurater als »Landvogt« von Susa und seine Gemahlin als »große Dame« (sumerisch: ningula) bezeichnet. Die Texte von Idaddu (II) nennen ihn Fürst von Susa; ein in Bruchteilen erhaltener Text von Tan-Ruhurater nennt jedoch Idaddu (I) König (Lugal) von Simash und Elam.

Ein weiterer Hinweis auf den Anspruch der Simash-Herrscher auf königlichen Status erscheint auf Administrativtafeln aus Susa, aus denen hervorgeht, dass Labarat König wurde. Es ist nicht eindeutig, ob es sich dabei um den Ebarti (I) oder Ebarti (II) der Simash-Dynastie handelt oder um den Ebarat bzw. Epart der Sukkulmah-Epoche (81).

Die Unabhängigkeit Elams unter den Herrschern aus Simash dauerte nicht lange, denn nach dem Fall von Ur III folgten im Lande Sumer bald die geschickten Herrscher Ishbi-Erra in Isin (2017–1985 v. Chr.) und Naplanum in Larsa. Die zeitgleiche geschichtliche Erscheinung von Kindattu, Ibbi-Sin und Ishbi-Erra bietet eine Orientierung, was die Zeitrechnung der Simash-Dynastie anbetrifft (76).

In einer sumerischen Inschrift (81) wird von einem Sieg Ishbi-Erras über Elam in seinem zwölften Regierungsjahr und von der Niederschlagung der Elamer und des Su-Volkes in seinem dreizehnten Regierungsjahr berichtet. Ishbi-Erra vermählte dreizehn Jahre nach dem Fall von Ur seine Tochter mit Humban-Shimit, dem Regenten von Susiana und möglicherweise Sohn des Königs Hutran-Tempt (78). Auch die Herrscher von Isin setzten die Politik Mesopotamiens gegenüber Elam fort, sie wechselten zwischen militärischem Druck und diplomatischen Hochzeiten. Im zwanzigsten Regierungsjahr Ishbi-Erras erfolgte die Vertreibung der Elamer aus Ur. Anscheinend handelte es sich um die elamische Garnison, die nach der Eroberung von Ur dort stationiert war (82).

Ishbi-Erras Nachfolger Shu-Ilishu (1984–1975 v. Chr.) gelang es, die Statue des Mondgottes Nanna aus Anzan ohne kriegerische Handlungen, wie aus den Inschriften hervorgeht, wieder nach Ur zurückzuführen (83).

Auch die nachfolgenden Herrschergenerationen von Isin suchten Allianzen mit dem östlichen Nachbarn Elam. So fand im ersten Regierungsjahr von Shu-Ilishus Nachfolger Iddin-Dagan (1974–1954 v. Chr.) die Vermählung seiner Tochter mit dem König von Anzan statt (84).

Bis zum Auftreten des Larsa-Königs Gungunum (1932–1906 v. Chr.) gibt es keine Dokumente mesopotamischen Ursprungs über Elam. Gungunum führte in seinem dritten und fünften Regierungsjahr Kriege gegen Elam, und zwar gegen Bashime und Anzan (85). Ein Täfelchen aus Susa erinnert an seine Herrschaft in Susa während seines sechzehnten Regierungsjahres (86). Eine ununterbrochene Kontrolle über Susa ist jedoch unwahrscheinlich (87). Verbunden mit Zambia von Isin (1836–1834 v. Chr.) waren Elams Truppen wieder in Mesopotamien aktiv. Die Niederschlagung beider Armeen ist im fünften Regierungsjahr von Sin-Iqisham von Larsa (1840–1836 v. Chr.) dokumentiert (88).

Inzwischen war in Elam eine neue politische Kraft an die Macht gekommen: Es begann die Epoche der Epartiden oder Großregenten (Sukkalmah).

Haus der Epartiden – um 1900–1500 v. Chr. (siehe Zeittafel III)

Wie beim Ausgang der Awan-Dynastie versinkt die Geschichte der Dynastie von Simash nach Idaddu (II) in der Dunkelheit.

Mesopotamische Feldzüge in Elam seit Beginn der dritten Ur-Dynastie führten zur Bildung von Allianzen zwischen den Bergländern und zur Entstehung des multizentralen Königreichs von Elam und Simash. Somit war dieses Reich in der Lage, politisch mit Mesopotamien zu konkurrieren.

Die Unruhen in Babylonien brachten in Elam indes politische Freiheiten, die wiederum die Entstehung der neuen Dynastie begünstigten. Der Dynastiegründer Epart nennt sich König von Anzan und Susa und verkündet somit die Unabhängigkeit Elams als Ganzes. In sämtlichen Täfelchen, die von Epart stammen, führt er ausdrücklich den Königstitel. In einer Tafelinschrift aus seinem ersten Herrscherjahr ist der Satz: »Jahr, da Epart König ward«, zu lesen. Vor seinem Namen befindet sich das Gottheitszeichen »dingir«. Das ist das erste und das einzige Mal, dass ein elamischer Herrscher vergöttlicht wurde, eine den Sumerern geläufige und auch den Babyloniern nicht fremde Erscheinung.

Das Vorzeichen »dingir« (sumerisch: Gottheit) hat sich auch in Babylon, was den Namen Epart anbetrifft, weiter erhalten. Bei den Namen der Nachfolger von Epart erscheint das Gottheitszeichen nicht mehr. Elams Könige fühlten sich als Diener und Werkzeuge der Götter, für ihnen gleich hielten sie sich aber nicht (89).

Epart ernannte seinen Sohn Shilhaha zum Fürsten von Susa. Ein Siegel (Abb. 16) aus dieser Zeit zeigt Shilhahas Diener Kuk-tanara (links), während er von einer Göttin im Zottenrock dem König Epart zur Bestätigung seines Amtes als Kanzler des Sohnes zugeführt wird.

Eine wichtigere Rolle als Dynastiegründer Epart spielen sein Sohn Shilha-ha, der als Stammvater der Dynastie gilt, und Eparts Tochter, die als Shil-hahas Schwester als Stamm-Mutter des Herrscherhauses in die Geschichte Elams eingegangen ist. Thronberechtigt in den nachfolgenden Generati-onen der Epart-Dynastie war der, der seine Abstammung auf Shilhahas Schwester, die »begnadete Mutter« (umma hashtuk) zurückführen konnte (s. Kapitel »Thronfolgerecht und Mutterrecht«).

Von den Nachfolgern Eparts wird als Königstitel der sumerische Titel »Sukkalmah« verwendet, der so viel heißt wie »Großregent«. Der Gebrauch als Königstitel wurde laut M. W. Stolper wohl aufgrund seiner Ähnlichkeit mit dem elamischen Wort sunkir oder sukkir, das heißt »König«, begüns-tigt (90). Bei dieser Dynastie handelt es sich um die am eingehendsten do-kumentierte Geschichtsperiode Elams. Die Dokumentationsquellen sind zeitgenössische Bauwerke, Votiv-Siegel-inschriften sowie von mittelela-mischen Königen (um 1450–1100 v. Chr.) erstellte Abschriften der Sukkal-mah-Texte.

Auch wenn der Titel vermuten lässt, dass der Sukkalmah (Großregent) einem König unterstellt war, handelte es sich bei den Großregenten um unabhängige Herrscher. Sowohl Großregenten als auch Regenten trugen gelegentlich den Titel »König«. Auch mesopotamische Texte nennen Suk-kals von Elam oder von Susa gelegentlich »Könige«.

Für die Zeitrechnung während der Sukkalmah-Epoche nennt M. W. Stolper drei Zeitabschnitte bezüglich der Gleichzeitigkeit zwischen den elamischen und mesopotamischen Herrschern. Als Anhaltspunkte dienen:

1) Sukkalmah Shiruktuh und Shamshi-Addad (I) von Assyrien (1813 bis 1781 v. Chr.)
2) Siwe-palar-huhpak und Kuduzulush und der spätere Regierungsab-schnitt von Hammurabi von Babylonien (1792–1750 v. Chr.)
3) Sukkalmah Kuk-Nashur und das erste Regierungsjahr von Ammisa-duqa von Babylonien (1645 v. Chr.)

Für die Zeitrechnung haltbar, inschriftlich jedoch zweifelhaft ist die Zeit-gleichheit von Shilhaha und das Ende der Regierungszeit von Samu-El von Larsa (1894–1866 v. Chr.) sowie von Addahushu und Sumu-abum von Ba-bylonien (1894–1881 v. Chr.).

Laut Verfasser gibt es Hinweise für einen früheren Beginn der Sukkal-mah-Dynastie, und zwar um 1900 v.Chr. oder sogar noch früher: Von den drei Siegelabdrücken, die den Namen eines Schreibers »Shilahupitir« tragen, berufen sich zwei auf den Simash-König Idaddu (II) und der dritte auf den Namen Addahushu von der ersten Herrscher-Dreiheit der Sukkal-mah-Dynastie. Wenn alle drei Siegelabdrücke vom selben Schreiber stammen, beträgt die Zeitspanne zwischen dem letzten Simash-Herrscher und dem ersten Sukkalmah weniger als das Alter eines Erwachsenen. Außerdem gibt es Hinweise darauf, dass Addahushus Regierungszeit von langer Dauer war.

Den Vorschlag von W. G. Lambert (91), dass es sich bei dem im altbaby-lonischen Text erwähnten neunten Herrscher der Simash-Dynastie Ebar-ti (II) um den Gründer der Sukkalmah-Dynastie Epart handelt, findet M. W. Stolper, wenn auch nicht direkt nachweisbar, doch für plausibel. Er hält es für möglich, dass in der Zeit, als Simash durch die Angriffe von Gungunum die Kontrolle über Susa verlor, Epart der Herrscher und Idad-du (II) der Co-Regent waren (um 1925 v.Chr.), und dass Shilhaha in einer Zeit die Kontrolle über Susa wiederherstellte, als Epart Herrscher über das Hochland war (um 1900 v.Chr.), und dass das Auftreten des ersten Suk-kalmahs keinen abrupten Wechsel in der Dynastie bedeutete, sondern die Wiederherstellung einer bereits bestehenden politischen Kraft.

Die im Kapitel »Thronfolgerecht und Mutterrecht« erwähnte Dreiteilung der Macht ist während der Sukkalmah-Epoche deutlich zu beobachten. Wie aus den Susa-Texten hervorgeht, gab es neben dem Haupt-Machtha-ber »Sukkalmah« oder Großregent einen Regenten »Sukkal von Elam und Simash«, meist der Bruder vom Sukkalmah, und einen Co-Regenten, ge-nannt »Sukkal von Susa«, oft ein Sohn oder ein Neffe vom Sukkalmah. Nach dem Tod vom Sukkalmah ging sein Thron zuerst auf den Sukkal von Elam und Simash und später auf den Sukkal von Susa über.

Solch ein System kam auch in Mesopotamien vor. In Elam war die be-schriebene Dreiteilung der Macht während der Sukkalmah-Epoche jedoch Bestandteil der elamischen Verfassung.

Eine Inschrift aus Susa (92) nennt die erste Herrscher-Dreiheit der Sukkalmah-Dynastie: Epart als »König von Anzan«, dann Shilhaha als »Sukkalmah und Landesvater von Anzan und Susa« und Addahushu, der Schwestersohn Shilhahas, als »Sukkal und Magister vom Volk von Susa«.

Addahushus Tätigkeiten in Susa während seiner Zeit als Sukkal von Susa waren zahlreich: Er baute wie Epart und Shilhaha am Tempel Inshushinaks und beendete den Bau des Tempels des Mondgottes, den Epart und Shilhaha begonnen hatten. In einer Inschrift in akkadisch heißt es, er habe als Hirt des Volkes von Susa, um das Heil seines Lebens, der großen Göttin Ninegal einen Tempel gestiftet. Er ließ auf dem Marktplatz von Susa eine »Stele der Gerechtigkeit« errichten, an der die Lebensmittelpreise verkündet wurden; er rief den Gott Shamash an, er möge jedermann zu einem gerechten Preis verhelfen. Später wird in Urkunden die große Tafel erwähnt, auf der die Höchstpreise für das Getreide angegeben waren.

Nach Shilhaha folgte als Sukkalmah von Elam nun Shiruktuh, weil Addahushu, sein älterer Bruder, nicht mehr lebte.

Shiruktuh ernannte seinen nächstjüngeren Bruder Shimut-wartash zum Vizekönig und regierte zunächst ohne Susa-Fürsten, weil er keinen Sohn hatte. Er fand, wie W. Hinz (93) es beschreibt, einen »elamischen Ausweg« und ernannte die »begnadete Mutter«, Shilhahas Schwester, zur Susa-Fürstin, also seine eigene Mutter. In der Geschichte Elams ist sie die einzige offiziell regierende Elamerin. Erst nach dem Tod seiner Mutter ernannte Shiruktuh seinen Neffen Siwe-palar-huhpak zum Susa-Fürsten.

In Larsa folgte auf Sumu-El indes Sin-Iqisham (1840–1836 v. Chr.), ihm folgten Warad-Sin (1835–1823 v. Chr.) und Rim-Sin (1822–1763 v. Chr.), beide Söhne eines Stammesführers mit dem elamischen Namen Kudur-Mabuk, der Sohn von Shimti-Shilhak. G. G. Camerons Annahme, dass es sich bei Shimti-Shilhak um Shilhaha von Elam handelt, konnte nicht bestätigt werden (94).

Die Übernahme von elamischen Namen durch Larsa-Könige ist ein Zeichen für das gute Verhältnis zwischen den beiden Völkern. Hierzu gehörten neben intensiven wirtschaftlichen Beziehungen zwischen Larsa, Eshnunna und Susa der Bau eines Tempels für die Göttin Ninlil von Elam durch Rim-Sin (95); außerdem wird in einem Brief von Rim-Sin erwähnt, dass ein »großer König von Elam« in der Lage war, zugunsten des Herrschers von Larsa politischen Druck auf Eshnunna auszuüben (96).

Der elamische Einfluss in Mesopotamien ist ein Vorspiel für die wachsende elamische Expansion in nördlicher und westlicher Richtung Anfang des achtzehnten vorchristlichen Jahrhunderts. So wird in einer Stele, die vermutlich von Shiruktuh stammt, in elamischer Sprache von der Eroberung von mehr als 70 Orten berichtet (97). Die Co-Regenten von Shiruktuh sind laut Texten aus Susa (98) Shimut-wartash, Siwe-palar-huhpak und Kuduzulush. Die beiden Letztgenannten wurden nacheinander Großregenten. Texte aus Mari vom Anfang des vorchristlichen achtzehnten Jahrhunderts (99) nennen Siwe-palar-huhpak sowohl »König von Anzan« als auch »Sukkal von Elam« und Kuduzulush »Sukkal von Susa«. Die Texte dokumentieren die fortdauernde elamische Expansion.

Während der Regierungszeit von Siwe-palar-huhpak und Kuduzulush setzt sich der politische und militärische Einfluss Elams in Zagros im Norden und entlang des Flusses Diyala im Westen fort. Texte aus Mari berichten über die Einnahme von Eshnunna durch Siwe-palar-huhpak (100). All das spricht dafür, dass elamische Herrscher nicht nur Einfluss, sondern womöglich die Oberherrschaft über ostmesopotamische Zentren hatten (90).

Von Siwe-palar-huhpak stammt eine Inschrift auf einer Tontafel mit folgendem Wortlaut (93): »O Gott Inshushinak, du Herr der Hochstadt (von Susa)! Ich bin Siwe-palar-huhpak, des Reiches Mehrer, Landvogt von Elam, Schwestersohn des Sirkut. Um meines Lebens willen, um des Lebens meiner begnadeten Mutter, meiner jüngeren Verwandten und deren Kinder willen, habe ich (...)« In der Lücke stand vermutlich »diesen Tempel gestiftet«. Dann geht es weiter: »O Gott Inshushinak, großer Herr! Ich, Siwe-palar-huhpak, habe opfernd gefleht – erhöre du mein Rufen! In der Dauer von Nacht und Tag habe ich um deiner Huld willen das Volk von Anzan und Susa dir als Unterpfand wahrhaft zugeweiht!«

W. Hinz hebt das Beharrungsvermögen der Elamer hervor, weil in dieser Urkunde Wendungen vorkommen, die sechshundert Jahre später ohne jede sprachliche Veränderung wieder bezeugt werden.

Für die elamische Nachwelt zählte Siwe-palar-huhpak zu den großen Herrschern des Reiches. Auf Siwe-palar-huhpak folgte sein Bruder Kuduzulush, der nach langer Zeit der Alleinherrschaft seinen Neffen Kuter-Nahunte (noch als Kind) zum Sukkal von Susa ernannte.

Um 1730 v. Chr. wurde Kuter-Nahunte selber Sukkalmah (Großregent), er ernannte seinen Bruder Lila-irtash zum Vizekönig und seinen ältesten Sohn Tempt-agun zum Susa-Fürsten.

In Assyrien sicherte sich kurz nach dem Tod von Shamshi-Adad dessen Nachfolger Ishme-Dagan die assyrische Regentschaft in Mari, einem Gebiet, welches Elam und Eshnunna in Schach hielten. Mari konnte jedoch nicht lange gehalten werden (101). Der Sukkal von Elam, unterstützt von Truppen aus der Zagros-Region, besetzte Eshnunna. Vereinte Armeen von Elam und Eshnunna belagerten mehrere Orte, die unter der Kontrolle von Assyrien waren. Die Koalition erlitt jedoch einen schweren Rückschlag (102): Vom achten Regierungsjahr von Zimrilim, dem Herrscher von Mari, wird über einen Sieg über Elam berichtet (103).

Nutznießer dieser Auseinandersetzungen war Hammurabi von Babylonien. Von seinem dreißigsten Regierungsjahr wird berichtet, dass er im Jahr davor die Armee besiegte, die Elam (in großer Masse) zusammengezogen hatte: von der Grenze von Warahshi aus, ferner Subartu, Gutium, Eshnunna und Malgu. In seinem zweiunddreißigsten Jahr führte er Krieg gegen die früheren Verbündeten Elams: Eshnunna, Subartu und Gutium. Von seinem dreiunddreißigsten Regierungsjahr wird von einem Sieg über Mari, Malgium und Subartu berichtet (104).

Auf Hammurabi folgte in Babylonien Samsu-iluna (1749–1712 v. Chr.). Er führte einen Krieg gegen Idamaraz »von der Grenze Gutiums bis zur Grenze Elams«, wie es in einem Dokument heißt (105).

In einer Weihinschrift aus Liyan kommt der Name Shimut-wartash vor (106). Falls es sich hierbei um den gleichnamigen Sukkal von Elam handelt, deutet dies auf die Kontrolle Elams über die Küstenregion von Fars hin.

Während der Regierungszeit von Samsu-iluna wurde Babylons Macht erheblich geschwächt. Als Abieshuch im Jahre 1711 v. Chr. seinem Vater folgte, nutzte der elamische Großregent Kuter-Nahunte (I) die Gelegenheit, um in Babylonien einzumarschieren. Diesen Einfall der Elamer erwähnte über tausend Jahre später Assurbanipal wie folgt (93): »Kuter-Nahunte, der Elamer, hatte, den Schwur der großen Göttin nicht scheuend, in Verblendung auf seine eigene Macht vertrauend, Hand an die Heiligtümer Akkads gelegt und Akkad zugrunde gerichtet.« Die Statue der akkadischen Fruchtbarkeits- und Siegesgöttin Nanaja hatte Kuter-Nahunte damals nach Susa geschafft. Das Standbild wurde von Assurbanipal wieder nach Mesopotamien zurückgebracht.

Vom Susa-Fürsten Tempt-agun wurde in Susa ein Täfelchen in akkadischer Schrift gefunden, woraus hervorgeht, dass er der Göttin Ishnikarab dort einen Tempel für das Heil seines Vaters, des Großregenten Kuter-Nahunte; seines Onkels, des Vizekönigs Lila-irtash; für sein eigenes Heil; für das

Heil seines jüngeren Bruders Tempt-hisha-hanesh und für das Heil seiner begnadeten Mutter Welkisha gestiftet hatte (93, 107). Laut eines in Kopie erhaltenen Textes in akkadischer Schrift widmete Tempt-agun außerdem für das Leben Kuter-Nahuntes dem Stadtgott Inshushinak einen Tempel und mehrere Statuen (108).

Die elamische Schrift wurde in der Sukkalmah-Epoche von der akkadischen Schrift weitgehend verdrängt; als Urkundensprache wurde nur noch akkadisch verwendet. Daran lässt sich erkennen, wie groß der semitische Einfluss in Susa gewesen sein musste.

Ab Mitte des achtzehnten vorchristlichen Jahrhunderts nimmt die Dokumentierung der politischen Geschichte Elams drastisch ab. Erst 1646 v. Chr. (109), im ersten Regierungsjahr Ammisaduqas, wird der elamische Sukkalmah Kuk-Nashur wieder erwähnt.

Nach Kuk-Nashur regierten, wie aus den Rechtsurkunden und Inschriften hervorgeht, mindestens fünf Herrscher, von denen lediglich die Namen und Titel bekannt sind (98).

Die Sukkalmah-Dynastie dauerte sicherlich bis zum siebzehnten, wahrscheinlich sogar bis zum frühen fünfzehnten vorchristlichen Jahrhundert, somit über 400 Jahre (110). Sie war die am längsten währende politische Machtphase in der elamischen Geschichte. Was die letzten zwei Jahrhunderte anbetrifft, gibt es außer den Namen und Titeln der Herrscher keine verlässlichen Quellen über die innere politische Situation und die Außenbeziehungen des Landes und vor allem über die Umstände wie die Dynastie endete.

Elam zählte Anfang des zweiten vorchristlichen Jahrtausends aufgrund seiner geografischen Ausdehnung zu den bedeutendsten politischen Mächten in der Region.

Indes neigte sich die Herrschaft der ersten Dynastie von Babylon allmählich ihrem Ende zu, an ihrer Stelle breitete sich die Herrschaft der Kassiten aus.

Seit den Anfängen der Geschichte hat das Pendel der Vorherrschaft zwischen den feindlichen Nachbarn Mesopotamien und Elam hin und her geschwungen, bald die eine, bald die andere Macht bevorzugend. Während der ersten Hälfte des zweiten vorchristlichen Jahrtausends hat im Ganzen gesehen Mesopotamien die Oberhand behalten. Dies zeigt auch der fast alleinige Gebrauch des Babylonischen als Urkundensprache in der Susiana (91).

Während der Sukkalmah-Epoche nahm Susa an Fläche und Bevölkerung zu. Es gibt Hinweise auf eine Konzentration des Landbesitzes in privater Hand, die Entstehung von unterschiedlichen sozialen Schichten in der Bevölkerung von Susa sowie die Intervention des Staates in die Wirtschaft zur Milderung sozialer Ungleichheiten (109).

Mittelelamische Epoche – um 1450–1100 v. Chr. (siehe Zeittafel IV)

I Frühe mittelelamische Epoche – um 1450–1330 v. Chr.

Die Herrschaft der Kassiten in Babylonien, die nach dem Verfall der dortigen ersten Dynastie an die Macht kamen, hinterließ in der ganzen Region tiefe Spuren. Mit dem Schwinden der ersten Dynastie von Babylon verschwand auch die Sukkalmah-Dynastie in Elam.

Im Falle Elams vermutet G. G. Cameron (111), dass das Land von Menschenmassen überrannt wurde, die vor den kassitischen Horden geflohen waren. Für das Verschwinden der beiden Mächte Babylonien und Elam von der politischen Bühne könnten die Kassiten, so der Autor, auf jeden Fall verantwortlich gewesen sein.

Die ursprüngliche Heimat der Kassiten ist nicht bekannt; laut Verfasser sind die Kassiten von Zentral-Zagros nördlich vom Iran aus nach Babylon eingedrungen. In einer babylonischen Chronik (112) wird berichtet, dass Ea-gamil, der letzte König des Meerlandes, sich daranmachte, Elam zu erobern, und dass der Kassit Ulamburiash seine Armee mobilisierte, Ea-gamil niederschlug und ihn über die Grenze Elams vertrieb. Danach nahm Ulamburiash Elam ein und dehnte die Kassiten-Herrschaft weit in den Süden des Landes aus (113).

Aufgrund der Abwesenheit von datierten Texten aus dieser Epoche nahm man an, dass Elam während des vierzehnten und fünfzehnten Jahrhunderts in Teilen zerfallen war (112). Die später veröffentlichten Texte weisen jedoch auf die Existenz einer elamischen Monarchie mit womöglich größerer politischer Kraft hin (114).

Ein Siegelabdruck aus Susa, der vom Stil her aus dem fünfzehnten Jahrhundert stammt, bezeichnet Kidinu als »König von Susa und Anzan«. Ein anderes Zylindersiegel, das stilmäßig aus der gleichen Zeit stammt, nennt Ruhuratir II ebenfalls »König von Susa und Anzan«. Texte auf Backstein-Bruchstücken, die für den Wiederaufbau eines Gebäudes in Susa verwendet wurden, gebrauchen den gleichen Titel für einen Herrscher mit dem Namen Inshushinak-shar-ilani (110).

Während in der ersten Sukkalmah-Periode der königliche Titel »König von Anzan und Susa« verwendet wurde, wird seit Kidinu in den Inschriften in akkadischer Sprache der Titel »König von Susa und Anzan« gebraucht. Dieser Titel ist identisch mit dem, der im frühen vierzehnten Jahrhundert für Tepti-ahar und im späten vierzehnten Jahrhundert für Ige-halki und Attar-kittah verwendet wurde.

Während die bewohnte Fläche von Susa in der Zeit nach der Sukkalmah-Periode abnahm, wuchs diese in Haft-Tape auf ca. 20 Hektar an. Die Verwaltungstexte, die in dieser Stadt (etwa 20 Kilometer südöstlich von Susa gelegen) ausgegraben wurden, nennen Tepti-ahar (s. Abb. 17) »König von Susa und Diener des Gottes IM«. Aus den Texten geht hervor, dass Tepti-ahar in einer Zeit regierte, als der Kassiten-König Kadashman-Enlil I (ca. 1374–1360 v. Chr.) in Babylon an der Macht war (115).

Die Texte zeigen, dass Elam im fünfzehnten Jahrhundert eine wohlhabende Monarchie war, die Tempel errichtete und mächtig genug war, um gegen Babylonien in kriegerische Handlungen einzutreten. Ein altbabylonischer Text, genannt »Chronik P«, beschreibt einen Krieg des babylonischen Königs Kurigalzu II (1332–1308 v. Chr.) gegen einen sonst nicht bekannten König von Elam mit dem Namen Hurbatila. Demnach wurde der elamische König besiegt und Elam eingenommen. Weih-Inschriften von Kurigalzu II berichten außerdem über den Sieg über Susa, Elam und Marhashi (116). Die kassitische Kontrolle über Susiana scheint jedoch eher eine kurze Episode gewesen zu sein (114); mit dem Entstehen einer neuen politischen Kraft in Elam änderte sich dort bald die Situation.

II Epoche der Ige-halkiden – um 1320–1215 v. Chr.

Mit Ige-halki etabliert sich um 1320 v. Chr. in Elam ein neues Königshaus. Als Dynastiegründer gilt jedoch nicht Ige-halki, sondern sein Sohn Pahir-ishshan. Vom neuen König stammt eine Stele, die vom späteren elamischen König Shutruk-Nahunte beschriftet und von Ajahitek, dem Fundort der Stele, nach Susa gebracht wurde. Die Inschrift bezeichnet Pahir-ishshan als Fürsten, »der die Freiheit Elams aufgerichtet hat« (117).

Auf Pahir-ishshan folgt standesgemäß sein jüngerer Bruder Attar-kittah. Von ihm stammen zwei Streitkolben, die er in Susa dem Tempel des Gottes Inshushinak gestiftet hatte, und zwei Mausköpfe, die in Chogha Zanbil gefunden wurden.

Attar-kittahs Nachfolger ist sein Sohn Humban-numena, der im Hau-

se Ige-halki als eine schillernde Herrscherpersönlichkeit gilt. Seine in elamisch verfassten Inschriften erinnern an den Bau eines Tempels in Liyan
(118). Eine in Ville Royale gefundene Inschrift in akkadisch dokumentiert
seine Herrschaft in Susa (113). In seinen elamischen Inschriften benutzt er
die Titel »König von Anzan und Susa« sowie »Mehrer des Königreiches«,
Titel, die den früheren Sukkalmahs Siwe-palar-huhpak und Shiruktuh zu-
geschrieben wurden.

In einer Inschrift in elamisch aus Liyan (heute *Bushehr*) heißt es laut
W. Hinz (117): »Ich bin Humban-numena, Sohn des Attar-kittah, meines
Reiches Mehrer, Machthaber von Elam, Throninhaber von Elam, Landvogt
von Elam, König von Anzan und Susa. Meiner Mutter wegen liebte mich
Gott Humban, hat er mich erhört. Gesundes Leben ward mir verliehen.
Gott Inshushinak schenkte mir die Königsherrschaft. Um des Lebens der
Mishimruh und um des Lebens der Rishap-La willen habe ich in der Um-
fassung des alten, eingestürzten Tempels einen Hochtempel aufgemauert
und erbaut, und ich habe ihn Gott Humban, der Göttin Kiririsha und den
wohltätigen Göttern gestiftet. Humban, die Kiririsha und die wohltätigen
Götter mögen mir Leben in der Dauer schenken! Um die Königsherrschaft
betete ich – sie mögen mich in Gesundheit darin führen!«

Bei der zuerst erwähnten Frau »Mishimruh« handelt es sich laut Verfasser vielleicht um seine »begnadete Mutter« und bei der zweiten um seine
Gemahlin. Während der Regierungszeit von Humban-numena kommt es,
wie es scheint, zu keinerlei Auseinandersetzungen mit den Kassiten in Babylon. Das Land gedeiht und der Reichtum des Königshauses wächst.

Großen Ruhm als Erbauer von Tempeln, Heiligtümern und Gebäuden
erlangte Humban-numenas Sohn und Nachfolger Untash-Napirisha (akkadisch: Untash-Gal). Auch er trägt in seinen zahlreichen Inschriften den
Titel »König von Anzan und Susa«.

Aus den zahlreichen Texten geht hervor, dass die nachfolgenden elamischen
Herrscher über genügend Territorium, organisatorisches Geschick und politische Kraft verfügten, um einen Krieg gegen das Zweistromland zu führen (114).

Der drohende Machtverfall in Babylonien veranlasste Untash-Napirisha,
ins feindliche Nachbarland einzumarschieren – über Der (heute *Badra*), die
Pforte, die in früheren Jahrhunderten oft für den Überfall auf das benach-
barte Land benutzt wurde. Als Beute hat der elamische König die Statue
des babylonischen Gottes Immeriya nach Susa gebracht und sie mit einem

akkadischen Text versehen; daraus geht hervor, dass die Statue aus Tupliash (kassitisch: Eshnunna), nördlich vom heutigen Bagdad, stammt. Untash-Napirisha hatte möglicherweise gegen den kassitischen König Kashtiliashu (1232–1225 v. Chr.) gekämpft.

Die Beschriftung der Statue in akkadisch zeigt (117), dass der elamische König sich der babylonischen Kultur keineswegs verschloss. Im damaligen elamischen Pantheon befinden sich auch babylonische Götter, denen der Herrscher ebenfalls Tempel und Kapellen gestiftet hatte.

Während der Regierungszeit von Untash-Napirisha wuchs das elamische Nationalgefühl erneut und das Land durchlebte eine neue Blütezeit. Auch die elamische Kunst, insbesondere Architektur und Bildhauerei, erlangte unter Untash-Napirisha einen Höhepunkt.

Es gibt ausreichend Dokumente von elamischen Herrschern aus der Zeit des vorchristlichen dreizehnten und zwölften Jahrhunderts, als Elam sich wieder zur Großmacht entwickelte und seine Kontrolle über ein Territorium ausdehnen konnte, das den Grenzen zu Zeiten der Sukkalmahs entsprach.

Die von Untash-Napirisha stammenden Texte befassen sich zum größten Teil mit dem Bau der Stadt Al-Untash-Napirisha bzw. Dur-Untash (heute *Chogha Zanbil*) etwa 40 Kilometer südöstlich von Susa. Die ummauerte Stadt, etwa 100 Hektar groß, umfasst einen Stufenturm (s. Abb. 8), eingebettet in den heiligen Bezirk Sijankuk. In einer seiner Inschriften heißt es (119): »Ich (bin) Untash-Gal, der Sohn des Humban-numena, der König von Anzan (und) Susa. Die gepflasterten Prozessionsstraßen in der (Stadt des Untash-Gal) und in Sijankuk, sie (Pl.) habe ich hier gebaut, die (göttliche) Grabkammer in Opferstättenart baute ich hier ...«

Innerhalb der inneren Ummauerung befindet sich der fünfstufige Stufenturm (Ziqqurrat). Zwischen der inneren und äußeren Ummauerung waren Tempel für zweiundzwanzig Gottheiten vorgesehen; gebaut wurden jedoch nur dreizehn Tempel. Der König beschreibt sein Bauwerk wie folgt (117): »Nachdem ich das Baumaterial beschafft hatte, erbaute ich Untash-Stadt und den heiligen Bezirk hier. Mit einer inneren und einer äußeren Ummauerung schloss ich sie ein. Einen Hochtempel, wie ihn frühere Könige nicht erbaut hatten, baute ich, und ich stiftete ihn den Göttern Humban und Inshushinak, den Hütern des heiligen Bezirkes. Mein Bau und Werk sei ihnen als Stiftung für wahr dargebracht! Huld und Recht Humbans und Inshushinaks mögen hier walten!«

Für die Versorgung der Stadt mit Trinkwasser ließ Untash-Napirisha einen 50 Kilometer langen Kanal bauen, um das Wasser vom Fluss Karkheh abzuzweigen, obwohl der Dez-Fluss nur eineinhalb Kilometer von Dur-Untash entfernt – allerdings fast sechzig Meter tiefer – lag. Um den letzten Höhenunterschied von einigen Metern zu überwinden, baute man ein großes, bis heute noch gut erhaltenes Staubecken (10 Meter lang, 7 Meter breit und 5 Meter hoch), das ein kleineres, flaches Becken innerhalb der Stadtmauer nach dem Prinzip der kommunizierenden Röhren speiste. Nachdem sich das mit Bitumen abgedichtete und mit neun Wassereinlassöffnungen ausgestattete Staubecken bis zum oberen Rand gefüllt hatte, wurde das geklärte und saubere Wasser in das flache Becken geleitet. Dieses Werk zeigt, so R. Ghirshman, die Kühnheit und die Fähigkeit der elamischen Techniker (120).

Zwischen der mittleren und der äußeren Umwallung der Stadt Dur-Untash sind laut W. Hinz (121) Überreste von Palästen freigelegt worden. Unter den Räumen führen Treppen in unterirdische Gewölbe hinab. In einem davon entdeckte man auf einem Backsteingrab ein Skelett sowie die Überreste von zwei verbrannten Leichen. In einem angrenzenden Raum fanden sich auf dem Fußboden Aschehäufchen in Gruppen zu zwei, vier und fünf. Dies sind die bislang einzigen Anzeichen von Leichenverbrennung in Elam. Es darf vermutet werden, so der Verfasser, dass diese unterirdischen Gewölbe die sterblichen Hüllen von König Untash-Napirisha, von Königin Napirasu und von anderen Familienmitgliedern aufgenommen haben. Diese Bestattungsart war wahrscheinlich allein dem Herrscherhaus vorbehalten.

Wie aus den elamischen Inschriften aus Chogha Zanbil hervorgeht, wurden von Untash-Napirisha, wie bereits erwähnt, zahlreiche Tempel zu Ehren der Gottheiten erbaut, darunter für den Gott Humban, die Götter Hishmitik und Ruhurater, die Göttinnen Ishnikarab und Kiririsha, die Göttergruppe Napratep, die Götter Shimut und Addad und die Göttin Pinigir.

Dur-Untash diente als heilige Stadt, in der der König nur zeitweise residierte. Die Hauptstadt des Reiches blieb nach wie vor Susa. Auch in Susa ließ Untash-Napirisha einen großen Stufenturm mit Hochtempel bauen.

Die Abbildung 18 zeigt eine Stele von Untash-Napirisha: Auf dem oberen Abschnitt der Stele ist der König in betender Haltung vor dem Susa-Gott Inshushinak zu sehen (122). Im darunter befindlichen Abschnitt sind der König und auf seiner rechten Seite seine Gattin Napir-asu, erkennbar an der Inschrift auf ihrem rechten Unterarm, zu sehen. Bei der Dame hinter ihm handelt es sich um die Priesterin Utik, die auch seine eigene Mutter sein könnte (123).

Eine in Susa entdeckte, jedoch beschädigte Bronzestatue zeigt die Gemahlin von Untash-Napirisha in einem kostbaren Gewand (Abb. 19). Die elamische Aufschrift lautet (121): »Ich bin Napir-asu, die Gemahlin des Untash-Napirisha.«

Auf Untash-Napirisha folgte Unpahash-Napirisha, der nur in den Texten von Shilhak-Inshushinak über seine Vorgänger als Sohn von Pahir-ishshan erwähnt wird. Hierbei ist vielleicht die Seitenverwandtschaft zum Großvater von Untash-Napirisha gemeint (113).

Ihm folgte Kidin-Hutran, der in den genannten Texten von Shilhak-Inshushinak ebenfalls als Sohn von Pahir-ishshan aufgeführt wird. Kidin-Hutrans Herrschaft beginnt in einer Zeit, in der Elam zwecks Erlangung der Macht stark in die politischen und militärischen Angelegenheiten Mesopotamiens verwickelt ist. Dem Elamer ging es in erster Linie um die Eroberung von Der, die Grenzstadt zu Babylon.

Der assyrische Herrscher Tukulti-Ninurta I (1243–1207 v. Chr.) brachte Babylonien unter seinen Einfluss und stieß ins nördliche Gebiet von Zagros vor. Babylon wird ganze sieben Jahre von seinen Vasallen kontrolliert. Enlil-nadin-shumi, der erste der Vasallen, wird (um 1224 v. Chr.) Opfer des Angriffs von Kidin-Hutran; der elamische König überquert den Fluss Tigris und nimmt Nippur ein. Während der Regierungszeit von Adad-shuma-iddina (1222–1217 v. Chr.), dem dritten und letzten Vasallen des Tukulti-Ninurta I, unternimmt Kidin-Hutran einen zweiten Vorstoß und nimmt Isin und Marad (westlich von Nippur) ein.

Die nachfolgende Epoche ist gekennzeichnet durch den Untergang der bestehenden Dynastien in der Region. In Babylonien wird Adad-shuma-iddina abgesetzt; in Assyrien wird Tukulti-Ninurta I ermordet und es kommt zu jahrzehntelangen inneren Unruhen; in Elam endet die Herrschaft von Kidin-Hutran unter unbekannten Umständen. Vielleicht kam es in Elam auch zu inneren Unruhen (121). Mit Kidin-Hutran endet auch die Epoche der Ige-halkiden und es dauert fast ein halbes Jahrhundert, bis in Elam eine neue Herrscherdynastie an die Macht kommt.

III Epoche der Shutrukiden – um 1165–1100 v. Chr.

Hallutush-Inshushinak war der Gründer der Shutrukiden-Dynastie. Es gibt keine Zeugnisse über seine Verwandtschaft mit den vor ihm regierenden Königen. Auch über seine Aktivitäten ist Näheres nicht bekannt.

Mit seinem Sohn Shutruk-Nahunte (»der vom Sonnengott Rechtgeleitete«) gelangte Elam zu neuer Stärke. Shutruk-Nahunte leitete eine geschichtliche Epoche ein, die als die klassische Epoche von Elam bezeichnet wird. Nach ihm wird die Dynastie der Shutrukiden benannt. Zusammen mit Untash-Napirisha und Shilhak-Inshushinak gehört er zu den drei größten Herrschern von Elam. Seinen Inschriften zufolge erweiterte sich die territoriale Kontrolle Elams während seiner Regierungszeit beträchtlich.

Shutruk-Nahunte hinterließ eine große Anzahl der Nachwelt bereits bekannten Inschriften; weitere Inschriften von ihm befinden sich laut W. Hinz (121) mit Gewissheit noch in der elamischen Erde, insbesondere in Dehe Nou (früher Hupshen). In einer seiner Inschriften (124) wird berichtet, dass er in Liyan den Kiririsha-Tempel, der von Humban-numena errichtet und bereits verfallen war, wieder restaurierte. Aus dieser Inschrift geht hervor, dass Shutruk-Nahunte die Herrschaft über das ganze Elam innehatte.

Eine andere Inschrift auf einer Stele stammt aus Ajahitek und wurde von dort, wie der König berichtet, nach Susa überführt (s. Kapitel »Sprache und Schrift«). In ihr heißt es (125): »Ich bin Shutruk-Nahunte, Sohn des Hallutush-Inshushinak, König von Anzan und Susa, meines Reiches Mehrer. Von den früheren Königen hat nicht einer die Stätte (der Stele) für seine Hörnerkrieger gekannt. Ich, Shutruk-Nahunte, habe, weil mein Gott Inshushinak mir beisteht, ihn angerufen; indem er mein Flehen erhörte, hat er meinen Hörnerkriegern ihre Stätte gewiesen … Von Inshushinak, meinem Gotte, ward ich aufgenommen, und nachdem er die Stätte (der Stele) meinen Hörnerkriegern durch mich gewiesen hatte, habe ich sie in meine Obhut genommen und das er-oberte Land als mein Reich behalten … Insgesamt 3415 Hörnerkrieger habe ich nach Huhnur in das Land der Stele entsandt.«

Huhnur soll das Gebiet des heutigen Izeh (*Malamir*) gewesen sein. Aus der Inschrift geht hervor, dass elamische Soldaten Helme trugen, die mit Hörnern bestückt waren.

In Karaindash (vielleicht in der Nähe von Karind zwischen Kermanshah und Sare-pole-Zahab) fällt Shutruk-Nahunte die Stele des Kassitenkönigs Meli-Shipak in die Hände (126). Den Tempel Manzat (Gemahlin von Shimut) in Susa ließ er wiederherstellen. Hierbei entdeckte er Backsteine mit Inschriften der früheren Könige. In einer Inschrift berichtet er (127): »Diese Ziegel nahm ich in meine Obhut und ich habe Namen und Titel (jener

Herrscher) hier beibehalten und das von ihnen Geschriebene im Tempel belassen, dann habe ich auch meinen Namen angebracht und hier eingemauert.« Über die Leidenschaft des Königs für die Denksteine wurde im Kapitel »Sprache und Schrift« berichtet.

Zusammen mit seinem älteren Sohn Kutir-Nahunte führte Shutruk-Nahunte einen verheerenden Krieg gegen Babylonien. Auf dem Bruchstück einer elamischen Stele ist zu lesen, dass der Fluss Ulai (Karkheh) überquert und 700 Städte eingenommen wurden (128). In Babylon beendete Shutruk-Nahunte die kurze Regierungszeit des Kassitenkönigs Zababa-shuma-iddina (1158 v. Chr.) und setzte seinen Siegeszug von Babylon aus fort.

In späteren Berichten Babylons heißt es laut W. Hinz (127): »Mit Rossen und Wagen vom Gebirge herab stießen ... von allen Tempeln raubte der feindliche Elamer Beute, ihre Habe nahm er weg, führte sie fort nach Elam.«

In einer seiner Inschriften heißt es, so der Verfasser: »Gott Inshushinak stand mir bei. Ich schlug Akkad, und ich nahm die Statue des Manishtusu an mich und schickte sie nach Elam.« Diese Sätze stehen auf ebendiesem Standbild. Dann schritt der Elamer von Akkad nach Sippar: »Gott Inshushinak stand mir bei, und so schlug ich Sippar, und ich nahm die Stele des Naram-Sin an mich, behielt sie und sandte sie nach Elam, und dann stellte ich sie vor meinem Gott Inshushinak auf.«

In Sippar erbeutete Shutruk-Nahunte auch den Obelisken mit dem Gesetzbuch von Hammurabi. Von den einundfünfzig Spalten des Kodexes wurden fünf Spalten entfernt, er hat jedoch keine Inschrift auf deren Stelle angebracht. W. Hinz vermerkt, dass Shutruk-Nahunte durch Wegführung dieses Denkmals der Altertumswissenschaft einen unschätzbaren Dienst erwiesen hat. Denn Hammurabis Gesetzesstele hat in Susa alle Stürme der Geschichte heil überstanden und stellt heute ein Glanzstück der Louvre-Sammlung dar.

Die besiegten Städte mussten hohe Zwangsabgaben aufbringen. Aus dem Bruchstück einer Stele ist zu entnehmen, dass die nordbabylonischen Städte Dur-Kurigalzu, Opis, Dur-Sharrukin und Sippar unter anderem 120 Talente (etwa 3600 Kilogramm) Gold und 480 Talente (etwa 14 400 Kilogramm) Silber abzuführen hatten. Diese Abgaben waren allerdings mit Sicherheit für den Bau und die Restaurierung der Tempel bestimmt, denn es wird in diesem Zusammenhang erwähnt, dass Ziegelsteine zur Instandsetzung des Gemäuers von Wohnstätten der babylonischen Götter verwendet werden sollen (126).

Beladen mit den wertvollen Trophäen fuhr Shutruk-Nahunte nach Susa zurück und widmete die Stelen dem Gott Inshushinak. Nach deren Beschriftung setzte er die monumentalen Denksteine in die Nähe des Inshushinak-Tempels.

Nach seiner Rückkehr nach Susa überließ Shutruk-Nahunte die Weiterführung des Krieges gegen Babylonien seinem Sohn Kutir-Nahunte, der seine Herrschaft dort mit harter Hand führte.

Auf Shutruk-Nahunte folgte, da kein Bruder des Königs mehr am Leben war, gemäß elamischer Verfassung sein ältester Sohn, der bereits erwähnte Kutir-Nahunte.

Den letzten Kassitenkönig Enlil-nadin-ahi (1157–1155 v. Chr.), der als Vasall für Ordnung in Babylonien sorgen sollte, setzte Kutir-Nahunte drei Jahre später ab und führte ihn zusammen mit anderen Bewohnern Babyloniens nach Elam. Der letzte König der Kassiten-Dynastie musste, wie fast 850 Jahre früher der letzte König von Ur III, Ibbi-Sin, in das elamische Exil gehen.

Kutir-Nahunte ließ außerdem die Statue von Marduk, dem Hauptgott Babyloniens, und andere babylonische Götterstatuen nach Elam transportieren. Hierzu berichtet der spätere babylonische König Nebukadnezar I (127): »Kutir-Nahunte ergrimmte (gegen die Kassiten) und fegte wie eine Sintflut die ganze Bevölkerung von Akkad hinweg. Babel und die anderen berühmten Kultstätten verwandelte er in Trümmerhaufen. Den großen Herrn Marduk (Babyloniens Hauptgottheit) zwang er, sich vom Thron seiner Majestät zu erheben. Das Volk von Sumer und Akkad führte er gefangen weg nach Elam. Den Enlil-nadin-achchi schleppte er auch hinweg, stürzte sein Reich, endete seine Herrschaft. Einen Stadthalter setzte er ein, keinen von babylonischer Abkunft, sondern einen Feind Marduks.« Die uneingeschränkte Herrschaft über Babylonien gelang Elam jedoch nicht.

Kutir-Nahunte hatte schon als Susa-Fürst den Umbau des Inshushinak-Tempels in Angriff genommen, weil, wie er berichtet, die Wände im inneren Heiligtum verfallen waren. Er hatte deshalb veranlasst, diese einzureißen und durch Backsteinmauern zu ersetzen.

Weiterhin erneuerte er den Kiririsha-Tempel in Liyan (129): »Ich (bin) Kutir-Nahunte, der Sohn des Shutruk-Nahunte, der König von Anzan (und) Susa. Huban-numena hat das Heiligtum der (Göttin) Kiririsha, der Liian-ischen, mit Lehmziegeln erbaut, aber es war verfallen, ich trug es ab, gründete es mit Brandziegeln (neu) und baute es und für mein Leben, das der Nahunte-utu und das ihrer Nachkommenschaft (Kinder), deswegen nämlich für unser Wohlergehen gab ich es der Kiririsha, meiner Göttin.«

Kutir-Nahunte stirbt nach kurzer Regierungszeit. Mit seinem Bruder Shilhak-Inshushinak (»der von Gott Inshushinak Gestärkte«) kommt in Elam ein neuer, schillernder Herrscher an die Macht. Mit ihm beginnt eine kurze, glanzvolle Epoche der elamischen Geschichte. G. G. Cameron bezeichnet ihn als den größten elamischen Herrscher überhaupt. Seine zahlreichen Inschriften sprechen für den Höhepunkt der mittelelamischen Expansion während seiner Regierungszeit.

Er beließ Huteludush-Inshushinak, den einzigen Sohn Kutir-Nahuntes, als Susa-Fürsten im Amt. Während seiner Regierungszeit wurden die Tempel in Susa restauriert. Er vollendete den Tempel von Inshushinak, den sein Bruder begonnen hatte. In einer Inschrift heißt es (130): »O (Gott) Inshushinak, Herr der Akropolis! Ich bin Shilhak-Inshushinak, der Sohn des Shutruk-Nahunte, der Mehrer des Reiches. Für mein Leben, das Leben der Nahunte-utu, meiner erwählten (geliebten) Gattin, das Leben des Huteludush-Inshushinak, das Leben der Ishnikarapbad, das Leben der Urutuk-Elhalahu, das Leben des Shilhinahamru-Lakamar, das Leben des Kutir-Huban, das Leben der Utuehihhi-Pinigir, das Leben des Temtiturkatash, das Leben des Lilirtash, das Leben der Bar-Uli, meiner erwählten Tochter, meiner schwesterlichen, deswegen und das Leben unserer zukünftigen Kinder deswegen nämlich um die Macht von Susa in ihrem Glanze wiederherzustellen, habe ich das Heiligtum mit Brandziegeln gegründet (und) gebaut.«

Nahunte-utu ist die Witwe seines Bruders Kutir-Nahunte, die er nach dessen Ableben geheiratet hatte. Sie ist wahrscheinlich seine eigene Schwester. In der Inschrift steht sie als Königin an der ersten Stelle (127), dann folgen die Prinzen und Prinzessinnen. Sie werden dem Alter nach erwähnt. Der zuerst erwähnte Prinz Huteludush-Inshushinak ist der Sohn seines älteren Bruders Kutir-Nahunte. Er wird deshalb als Erster erwähnt, weil er der älteste Sohn der Königin Nahunte-utu ist, und nur darauf kam es an. Aus diesem Grund wurde er der spätere Nachfolger von Shilhak-Inshushinak. Shilhina-hamru-Lagamar, der älteste leibliche Sohn Shilhak-Inshushinaks, besaß erst nach seinem Halbbruder Huteludush-Inshushinak das Recht auf den Thron. In Wirklichkeit geschah es genau so.

An die dreißig Inschriften hat dieser elamische Herrscher hinterlassen. Seinen historisch-archivistischen Neigungen verdanken wir, so W. Hinz, die einzigen Königslisten aus mittelelamischer Zeit. Der gekrönte Archivar und Geschichtsforscher, so der Verfasser, empfand offenbar das Bedürfnis, sein eigenes Sein und Wirken in den größeren Rahmen der Geschichte Elams zu stellen. In einer Königsliste, die als Frucht seiner eigenen Studien gewertet wird, berichtet er: »Diese früheren Könige haben hier im Heiligtum des Inshushinak gewirkt, ihre Inschriften habe ich nicht beseitigt noch geändert, sondern neu geschrieben und in den Tempel Inshushinak eingemauert.« Es werden Könige aufgezählt, die vor ihm am Inshushinak-Tempel gebaut hatten: von Idaddu = Indattu-Inshushinak bis zu seinem eigenen Bruder Kutir-Nahunte.

In einer seiner Inschriften heißt es (131): »O (Gott) Insushnak, großer Herr, Herr der Akropolis, göttlicher Großer, Ahnherr der Könige. Ich (bin) Shilhak-Insushnak, der Sohn des Shutruk-Nahunte, der Untergebene des (Gottes) Insushnak, *von dem das Fürstenlos erhalten wurde durch die Götter Elams,* der Mehrer des Reiches. Idatdu, der Geschwistersohn des Hutrantepti, Tan-Ruhuratir, der Sohn des Idatdu, Kindatdu, der Sohn des Tan-Ruhuratir, Ebarti, Shilhaha, der erwählte Sohn des Ebarti, Shirukduh, der Geschwistersohn des Shilhaha, Simebalarhuhbak, der Geschwistersohn des Shirukduh, Kuk-Girmesh, (Sohn) des Lankuku, At(dapakshu), der Geschwistersohn des Shilhaha, Temtihalki, der Geschwistersohn von Shilhaha, Kuk-Nashur, der Geschwistersohn des Tan-(Uli), Pahirishshan, (der Sohn) des Igihalki, At(tarkittah), der Sohn des Igi(halki), Untash-(GAL), (der Sohn des) Hubanum(menna), Unpahash-(GAL, der Sohn des Pahirishsh)an, (Kitin-Hutran), der Sohn des (Pahirish)shan, (Shut)ruk-Nahunte, der Sohn des Halludush-Insushnak, Kutir-Nahunte, (der Sohn des Shutruk-Nahunte), [diese (sind) die früheren Könige, (die) den Gründungsort des (Gottes) Insushnak verschönert (umsorgt) haben]. [O (Gott) Insushnak, Herr der Akropolis, du bist mir gnädig – ich, Shilhak-Insushnak, mit Schlachtopfern bitte ich dich, meine Bitte erhörst du], meine (Vero)rdnungen (Aussprüche) machst du (geschehen). Wer als (Reich)-Beherrscher das (Heiligtum) des (Gottes) Insushnak (erneuert?), soll (möge) meinen Namen (...) einsetzen und das (...) der Herrschaft, (das)? hier (...) der ... fortbrachte?, hier möge er einsetzen. Wer (aber) als Reich-Beherrscher mein (Werk)? nicht betreuen wird, meinen Namen der Herrschaft?, (den) ich hier einsetze, in Besitz nimmt und seine eigene? Titulatur hierher setzen wird, und wer ... hierher einsetzen wird, der soll als einer unter der Sonne nicht wandeln und (im)? Himmel, (auf)? Erden, ... im Lande? soll sein Name nicht gedeihen.«

Seine Bautätigkeiten zeigen, dass er das gesamte Territorium von Elam kontrollierte.

Der Kiririsha-Tempel in Liyan wurde erneuert. In einer seiner Inschriften heißt es (132): »Ich bin Shilhak-Inshushnak, der Sohn Shutruk-Nahuntes, der geliebte Diener der Göttin Kiririsha und des (Gottes) Inshushinak, der König von Anzan (und) Susa. Huban-numena hat das Heiligtum der (Göttin) Kiririsha, der Lijan-ischen, mit Lehmziegeln gebaut, aber es war verfallen, ich habe (es) abgetragen, mit einer Brandziegel-Grundmauer gebaut, und für mein Leben, das der Nahunte-utu, das des Huteludush-Inshushinak, das des Shilhinahamru-Lakamar, das des Kutir-Huban, das des Ishnikarapbat, das der Urutuk-Elhalahu und das der Utu-ehihhi-Pinigir, deswegen nämlich für unser Wohlergehen habe ich es der (Göttin) Kiririsha, meiner Gottheit, gegeben.«

In einer Inschrift berichtet Shilhak-Inshushinak, dass er insgesamt 20 Hörnertempel in verschiedenen Orten hat wiederherstellen lassen.

Durch immense Einnahmen, die aus allen Teilen des Imperiums kamen, verwandelte sich Susa in seiner Regierungszeit zu einer blühenden Metropole. Viele Wirtschafts- und Industrieunternehmen befanden sich in privater Hand.

Insbesondere im Palast-Tempelviertel der Stadt gab es große Aktivitäten. Das südlich vom Inshushinak-Tempel gelegene Heiligtum, das Untash-Napirisha zu Ehren der Göttin Pinigir errichtet hatte, wurde ebenso restauriert wie der Tempel für Suhsipa, der von seinem Vater Shutruk-Nahunte verehrt wurde. Er restaurierte den Tempel von Manzat und Shimut. Außerdem erneuerte er die Tempel von Lagamar, Inshushinak und Ishnikarab.

Darüber hinaus baute er Tempel überall in seinem Königreich. Allein in einer einzigen Inschrift wird vom Bau der Tempel in Tettu, Sha Ata Mitik, Ekallat, Berraberra, Sha Attata Ekal, Likrub, Murrat und Sha Hantallak berichtet (133).

In einer Inschrift des elamischen Herrschers auf einer Bronzetafel, genannt »Sonnenaufgang«, heißt es (134): »Ich (bin) Shilhak-Inshushinak, der Sohn des Shutruk-Nahunte, der geliebte Diener des (Gottes) Inshushinak, der König von Anzan (und) Susa, der Mehrer meines Reiches, der Pfleger von Elam, der Landesfürst von Elam. Einen Sonnenaufgang aus Bronze verfertigte ich (...) von Susa für immer? möge be(wah)rt werden? ...« Auf der Tafel sind symbolisch der Tempel Inshushinaks und der der Göttin Ninhursag zu sehen (Abb. 20). Weiterhin auf dem Vorplatz Opfertische, Stelen, Wasserbecken, ein Wassergefäß und ein stilisierter Baum zur Darstellung des heiligen Hains. Die Szene zeigt zwei Priester bei der rituellen Waschung, bei der ein Priester Wasser auf die Hände des anderen gießt. Die Tafel sollte in einem Heiligtum eingemauert werden (135).

Von W. Hinz wird der Familiensinn dieses Herrschers besonders hervorgehoben, der dem Verfasser zufolge in der echt elamischen Frömmigkeit des Königs wurzelt (127).

Auf der Abbildung 21 ist der König Shilhak-Inshushinak zu sehen, während er seiner Tochter Bar-Uli einen Edelstein übergibt. Die Prinzessin erhielt von ihrem Vater außerdem den Zusatznamen »meine geliebte Tochter, mein Glückskind«.

Besonders zu Inshushinak fühlte sich Shilhak-Inshushinak hingezogen, deshalb sind die meisten seiner Inschriften ihm gewidmet: »Gnädigen Herrn, der mir den Namen gab«. An Inshushinak richtet er, meist gemeinsam mit seiner »geliebten Gemahlin« Nahunte-utu, zahlreiche Gebete. So heißt es in einem Gebet: »O Inshushinak, du Herr meiner Hochstatt, sei mir gnädig! Ich, Shilhak-Inshushinak, und die Nahunte-utu – wir haben dich opfernd angerufen. Stets hast du dich unserem Rufen aufgetan; so erhöre du uns auch jetzt!«

In einer auf einer Stele niedergeschriebenen Inschrift werden in acht verschiedenen Abschnitten die vom elamischen Herrscher eroberten Orte im Norden und Osten Elams aufgeführt (136): Yalman (*Holwan*), Ebeh (*Djebel Hamrin*), Madga (*Tus-chur-malti*), Ugarsallu, Labhum (zwischen Zab und Adahim), Nuzi (in der Nähe von Kirkuk), Arrapha (*Kirkuk*) wurden erobert.

Somit rückte Shilhak-Inshushinak in den Machtbereich Assyriens vor. Dies führte wahrscheinlich dazu, dass die lange Herrschaft von Ashur-dan I. (1178–1133 v. Chr.) zu Ende ging. Diese militärische Expansion Elams erinnert an Kriege, die Sukkalmah-Herrscher sechs Jahrhunderte vorher führten.

Die elamischen Einfälle ins Zweistromland haben Elams Kräfte anscheinend übermäßig in Anspruch genommen. Denn als Nebukadnezar I. in Babylonien an die Macht kam, änderte sich bald die Situation zu Elams Nachteil; allerdings erst nach dem Ableben von Shilhak-Inshushinak.

Die Geschichte liefert viele Beispiele für Großmächte, deren Niedergang einsetzte, nachdem sie gerade den Höhepunkt ihrer Macht erreicht hatten, und Elam machte hier keine Ausnahme.

Auf Shilhak-Inshushinak folgte, weil sein jüngerer Bruder Shimut-nika-tash nicht mehr am Leben war, Huteludush-Inshushinak, der älteste Sohn von Nahunte-utu. Huteludush-Inshushinak (»seinem Tun ist Gott Inshushinak hold«) bezeichnet sich nicht mehr als »König von Anzan und Susa«, sondern als »des Reiches Mehrer, Erbe von Elam und Susa«. Die Verwendung dieses Titels besagt, dass die glorreichen Zeiten Elams bereits vorbei waren.

Huteludush-Inshushinak stiftete dem Gottespaar Shimut und Manzat eine neue steinerne Türangel. Die dazugehörige Inschrift lautet (137): »O Göttin Manzat, große Herrin! Ich bin Huteludush-Inshushinak, Sohn des Kutir-Nahunte und des Shilhak-Inshushinak, des Reiches Mehrer. Ich erwünschte mein Leben, das Leben der Nahunte-utu, meiner begnadeten Mutter, und das Leben meiner Brüder und Schwestern, und deshalb ließ ich diese Türangel aus Stein anfertigen und im Tempel der Göttin Manzat und des Elamer-Gottes Simutta anbringen.«

In dieser Inschrift bezeichnet sich Huteludush-Inshushinak sowohl als Sohn Kutir-Nahuntes (sein leiblicher Vater) als auch als Sohn Shilhak-Inshushinaks (sein Onkel). Der Grund für diese Rechtfertigung ist, dass die beiden Könige nacheinander ihre Schwester Nahunte-utu zur Gemahlin hatten.

Elamische Texte von Huteludush-Inshushinak bescheinigen fortwährenden Tempelbau und somit weiteren politischen Einfluss in Susa und Anzan. In einer seiner Inschriften heißt es (138): »Huteludush-Inshushinak, der Mehrer des Reiches, der Fürst von Elam und Susa, der erwählte Sohn des Kutir-Nahunte und des Shilhak-Inshushinak (hat) für mein Leben, das Leben meiner rechtmäßigen Brüder, das Leben meiner Geschwistersöhne, das Leben meiner Geschwistertöchter, (für) meine Verwandten, deswegen nämlich hat er in Kipu das Heiligtum der (Göttin) Ishnikarab, seinen Libationsraum, mit Brandziegeln gegründet (und) gebaut.«

Der intensive Tempelbau während der mittelelamischen Epoche soll nicht nur als ein Werk aus Frömmigkeit verstanden werden, sondern auch als ein Mittel zum Zwecke der Erweiterung der elamischen Kontrolle in den betreffenden Gebieten (139).

In dieser Zeit entstanden im Tal zwischen Susa und Anzan mit königlicher Unterstützung neue Städte und Siedlungen. Zur selben Zeit wurden Ansiedlungen westlich von Susa aufgegeben.

Unter Huteludush-Inshushinak bestand das elamische Territorium aus Khuzistan und Zentral-Fars. In einem Gebäude in Malayan wurden 250 Administrativtafeln in elamischer Sprache gefunden, die wahrscheinlich während der Regierungszeit von Huteludush-Inshushinak oder später entstanden sind. Bei den Texten handelt es sich um Waren-Begleitscheine für die Überbringung von Metallen (Gold, Silber, Kupfer, Zinn) und Lebensmitteln (139).

Während der Regierungszeit von Huteludush-Inshushinak regierte im Zweistromland der große babylonische König Nebukadnezar I (1125 bis 1104 v. Chr.), aus dessen Aufzeichnungen man etwas über die äußere Politik Elams erfahren kann. Elamische Quellen aus dieser Zeitperiode fehlen.

Dem vierten Herrscher des zweiten Reiches von Isin gelang es, die ihm zur Verfügung stehenden Möglichkeiten optimal zu nutzen. In seiner eigenen Inschrift berichtet er ausführlich über die Siege von Shutruk-Nahunte und dessen Sohn über Babylonien und über seinen persönlichen Entschluss, diese Siege zu ahnden oder dabei zu sterben.

Mit seinen Truppen stieß Nebukadnezar ins elamische Territorium und drang bis zu den Quellen des Karkheh-Flusses vor, wo er auf den Gegenangriff der Elamer wartete (140).

Unterstützt von der Armee seines Vorgängers Shilhak-Inshushinak, zögerte Huteludush-Inshushinak nicht, in den Kampf zu ziehen. Die babylonische Armee erlitt, wie Nebukadnezar einräumt, eine schwere Niederlage und seine Reitertruppe wurde in die Flucht geschlagen. In einer Inschrift erzählt er (137): »Zu mir selbst sprach ich in Furcht, Sorge und Verzweiflung: Ich will nicht sein wie mein Vorgänger, der in Elam weilt; lieber will ich sterben. Ich will dem Kampf mit dem Elamer nicht ausweichen, ich will nicht umkehren! Daher wartete ich mit den noch verbliebenen Truppen am Oberlauf des Uqnu (= Karkheh) auf ihn. Allein Nergal, der stärkste der Götter, schlug meine Krieger (mit Krankheit) … Ich fürchtete den Tod und wagte die Schlacht nicht, ich kehrte um … In der Stadt Kar-Dur-Apil-Sin saß ich wie betäubt. Der Elamer (Huteludush-Inshushinak) kam, und ich flüchtete aus der Stadt. Ich lag auf dem Lager des Klagens und Seufzens und flehte weinend zu den Göttern …«

Das Blatt wendete sich zugunsten Nebukadnezars, als zwei einflussreiche Priester aus Din Sharri nicht weit von Susa samt ihrem Gott Ria aus Elam flohen und bei Nebukadnezar Unterschlupf fanden, und als Lakti-Shichu (bzw. Shitti-Marduk), der Fürst von Bit-Karziabku, einem Ort in der Nähe von Der (heute *Badra*), seine bis dahin gewährte Botmäßigkeit gegenüber Elam aufgab und auf die Seite von Nebukadnezar wechselte (140). Mit dieser unerwarteten Hilfe wagte Nebukadnezar einen neuen Angriff gegen Elam.

In einem Freibrief von Nebukadnezar an den Fürsten von Bit-Karziabku ist zu lesen (137): »Nebukadnezar, welchen der König der Götter, Marduk, aussandte, ergriff seine Waffen, um Akkad zu rächen. Von Der aus marschierte er dreißig Doppelstunden, im Monat Tammuz (etwa Juli) unternahm er den Feldzug. (Die Steine) der Wege brannten wie Feuer, das Wasser ging aus, die Pferde ermatteten, die Beine der Männer wurden kraftlos. Doch der edle König marschiert weiter, er fürchtet das unzugängliche Land nicht, er treibt die Rosse im Joch an. Lakti-Shichu, der Fürst von Bit-Karziabku, Befehlshaber seiner Streitwagen, dessen Platz an seiner Rechten war, ließ seinen Herrn nicht im Stich, drängte seinen Streitwagen voran. Der mächtige König erreichte das Ulai-Ufer, und beide Herrscher (Nebukadnezar und Huteludush-Inshushinak) begannen die Schlacht. In ihrer Mitte wirbelte Feuer auf, Staub verdunkelte das Sonnenlicht, wie ein Orkan tobte der Kampf … Huteludush-Inshushinak, der König von Elam, barg sich in seinem Berg. König Nebukadnezar siegte, er eroberte das Land Elam und raubte seine Schätze.«

Nebukadnezars Behauptung von der Eroberung Elams ist laut G. G. Cameron zweifellos übertrieben (140). Die unbegrenzte Kontrolle über das Land ist allein deshalb zu verneinen, weil Huteludush-Inshushinaks Halbbruder Shilhina-hamru-Lagamar, wie aus einer neuelamischen Inschrift aus der Mitte des achten Jahrhunderts hervorgeht (141), ihm auf den Thron folgte. Auch die Überfälle von Nebukadnezars Nachfolger in den östlich von Babylon gelegenen Bergen bedeuteten laut Verfasser keinen wirklichen Vorstoß in diese Gebiete.

Die Folgen von Nebukadnezars Sieg über Elam bleiben im Dunkeln (139). Babylonische Texte betrachteten die Rückkehr des Standbildes des Kultgottes Marduk nach Babylon als den Beginn einer politischen und kulturellen Wiedergeburt. Es gibt jedoch keine Anzeichen für eine langwährende Kontrolle Babyloniens über Elam; die überlieferten Dokumente deuten keineswegs darauf, dass das elamische Imperium plötzlich aufhörte zu existieren. Festzustellen ist, dass mesopotamische Texte Elam für eine Zeitspanne von dreihundert Jahren nicht weiter erwähnen; auch aus Susa fehlen fast vier Jahrhunderte lang jegliche Urkunden.

Die Endphase der mittelelamischen Epoche hüllt sich genauso ins Dunkle wie der Ausgang der Epochen Awan, Simash und Epart.

Neuelamische Epoche – um 750–519 v. Chr. (siehe Zeittafel V)

Das Schweigen der Geschichtsquellen über Elam bricht erst nach beinahe drei Jahrhunderten: In einer babylonischen Chronik wird erwähnt, dass ein elamisches Truppenkontingent im Jahre 813 v. Chr. den babylonischen König Marduk-bassu-iqbi in einem Krieg gegen den assyrischen König Shamshi-Adad V (823–811 v. Chr.) in Dur-papsukal in der Nähe von Der unterstützte (142).

Zwischen Ende des zweiten und Mitte des ersten Jahrtausends gab es in Elam unterschiedliche Entwicklungen, die von negativen Auswirkungen begleitet waren (18). Hierzu gehörten u. a. die starke Abnahme der sesshaften (Stadt-)Bevölkerung, einhergehend mit starker Zunahme der Landbevölkerung; unterschiedliche Entwicklung bei der ethnischen Zusammensetzung; dezentrale Politik durch Entstehung mehrerer Machtzentren (Susa, Madaktu, Hidalu) und schließlich die Auflösung des zusammenhängenden Groß-Elams durch die Abspaltung des Berglandes Anzan (s. Tabelle 2).

Die Geschichte der neuelamischen Epoche ist gekennzeichnet durch das gemeinsame Vorgehen der vormaligen Erzfeinde Elam und Babylonien gegen die neue Vormacht im Zweistromland, Assyrien. Elam unterstützte Babylon militärisch und diente als Rückzugsgebiet für die babylonischen Flüchtlinge, die sich gegen die Politik Assyriens einsetzten. Assyrer versuchten ihrerseits, die Herrschaft über das Hochland in Zagros nördlich von Susa zu gewinnen.

Neubabylonische Chroniken und assyrische Inschriften berichten über das Wiederauftauchen eines elamischen Reiches, das beinahe einhundert Jahre existierte und von innenpolitischen Wirren, wiederkehrenden Hungersnöten und Usurpationen geprägt war. Laut mesopotamischen Quellen haben im neuelamischen Reich mehr Herrscher regiert, als dies aus den elamischen Quellen hervorgeht.

Aus der babylonischen Chronik geht hervor, dass im Jahre 743 v. Chr. Humban-nikash I den elamischen Thron bestieg (143). Aus seiner langen Regierungszeit (743–717 v. Chr.) sind keine elamischen Inschriften bekannt. Laut elamischen Quellen aus der späteren Zeit ist er der Sohn vom König Humban-tahrah, der wohl um 760 v. Chr. die neuelamische Dynastie gegründet haben dürfte (144).

Humban-nikash sandte im Jahre 720 v. Chr. eine Armee zur Unterstützung von Merodach-baladan II, der den babylonischen Thron beanspruchte. Elamische Truppen gingen gegen die Armee des assyrischen Königs Sargon II (721–705 v. Chr.) in der Nähe von Der vor.

Während Sargon einen überwältigenden Sieg über die Elamer für sich in Anspruch nahm, wird in einer Inschrift von Merodach-baladan berichtet, dass die Assyrer vertrieben wurden. In der babylonischen Chronik heißt es: Die Truppen von Merodach-baladan kamen zu spät, um am Geschehen teilzunehmen. Durch diese militärische Auseinandersetzung konnte erreicht werden, dass assyrische Truppen ein Jahrzehnt lang von Elam und Babylonien fernblieben. Humban-nikash konnte anscheinend bis zum strategisch wichtigen Ort Der vordringen.

Vielleicht war Elam nach diesen Ereignissen in der Lage, seinen Einfluss im iranischen Hochland auszudehnen (145).

Auf Humban-nikash folgte sein Schwestersohn Shutruk-Nahunte II (716 bis 699 v. Chr.). Er nennt sich wieder »König von Anzan und Susa« sowie »seines Reiches Mehrer«. Hieraus kann ein neu erwachtes Nationalgefühl festgestellt werden.

Von ihm stammen zahlreiche Inschriften. In einer Inschrift heißt es (146): »Ich (bin) Shutur-Nahunte, der Sohn des Humban-nimena, der König von Anzan (und) Susa, der Mehrer meines Reiches. Ich habe das Heiligtum aus Emailziegeln gebaut und (durch?) alabasterne Hörner verziert und (diese) hier angebracht und der (Göttin) Pinigir, der gebietenden Reinen, meiner Gottheit gegeben. (Wer) die Pinigir-Weihgaben in die Hand bekommt und fortbringt (raubt), über den soll der Fluch (Grimm) der (Göttin) Pinigir gebreitet sein.«

In späteren Inschriften nennt sich der König anstatt Shutur-Nahunte (s. obige Inschrift) nunmehr Shutruk-Nahunte. Man erkennt, so W. Hinz, dass er gewillt ist, in die Fußstapfen des gleichnamigen Königs aus dem zwölften Jahrhundert zu treten. In einer anderen Inschrift nennt sich Shutruk-Nahunte II »meines Reiches Mehrer, Throninhaber von Elam, Erbe des Reiches von Elam, geliebter Diener der Götter Humban und Inshushinak«, dann folgt gemäß W. Hinz (144) die Bemerkung, drei mächtige Könige von einst hätten sich zu seinem Heile verbündet und deshalb sei ihm die Königsherrschaft zugefallen.

Offenbar traute man in Elam den Seelen der Verstorbenen zu, dass sie sich zusammentun und in irdisches Geschehen eingreifen. Der Verfasser hält diese Aussage darüber hinaus für geschichtlich von Belang und fährt fort: »Denn von den drei ›mächtigen Königen‹, auf deren geistigen Beistand sich Shutruk-Nahunte II beruft, sind bisher nur die beiden ersten bekannt, nämlich Huteludush-Inshushinak und Shilhina-hamru-Lagamar, also die beiden letzten Shutrukiden. Der dritte im Bunde ist ein König Humban-nimena, als dessen *shak* sich Shutruk-Nahunte II in fast allen Inschriften ausgibt. Es liegt auf der Hand, dass *shak* hier nicht ›Sohn‹ bedeuten kann, sondern lediglich einen ›Mannesspross‹, einen ›männlichen Nachfahren‹ bezeichnet. Aller Wahrscheinlichkeit nach war dieser König Humban-nimena ein bisher verborgen gebliebener, allerletzter Shutrukide, vielleicht ein Enkel Shilhak-Inshushinaks.«

Für die Elamer war demnach die Zeitspanne zwischen 1100 und 750 v. Chr. eine Zeit lebendig fortwirkender Überlieferung. Der Verfasser vermerkt in diesem Zusammenhang: »Genauso wie Shutruk-Nahunte II sich als ›Spross‹ eines Shutrukiden fühlte, hatten sich einst der Shutrukide Huteludush-Inshushinak und vor ihm der Ige-halkide Humban-numena als Nachfahren der Epartiden Silhana und dessen berühmter Schwester betrachtet. Die Epartiden wiederum empfanden sich als Erben der Könige von Simash, und diese glaubten wahrscheinlich, das Haus von Awan fortzuführen. Durch zwei Jahrtausende hin beobachten wir so in Elam ein ungebrochenes geschichtliches Selbstgefühl, ein Bewusstsein sippenmäßiger Zusammengehörigkeit, das Staunen erregt.«

In der Inschrift wird weiter erwähnt, dass Shutruk-Nahunte II die Stadt Karindash (heute *Kerend*) eingenommen hatte. Diese Stadt liegt an der Heerstraße Babylon-Raga (heute *Rey* in der Nähe von Teheran). Auch der große Shutruk-Nahunte aus dem zwölften Jahrhundert war bis Kerend vorgestoßen. In einer anderen Inschrift auf einer Sieges-Stele berichtet der König von der Eroberung von insgesamt 32 Gebieten. Von den Ortsnamen ist nur das Land Arman (heute *Holwan* bzw. *Sarpol*) geografisch feststellbar. Die elamische Armee ist demnach von Kerend über den Pajtaq-Pass in die mesopotamische Tiefebene gezogen.

Im Schatten Shutruk-Nahuntes errichtet sein Vasall Hanni (Sohn von Tahhihi) im Raum Izeh (*Malamir*) ein kleines Reich. Von ihm stammen zahlreiche in Stein gemeißelte Flachbilder und elamische Inschriften. Das in Abbildung 22 gezeigte Relief, das vermeintlich Hanni mit Gattin und Sohn darstellen soll, stellt laut A. Daems den König Shutruk-Nahunte (um 1165 v. Chr.) und seine Gemahlin dar. Das Relief wurde von Hanni usurpiert (147).

Mesopotamische Texte zeigen, dass Shutruk-Nahunte zehn Jahre nach dem Krieg in Der bei Auseinandersetzungen mit Sargon schwere Verluste erlitt (144): Im Jahre 710 v. Chr. griff Sargons Armee die Festungen im Hochland oberhalb von Der an und ging gegen die Stämme sowie Städte im östlichen Babylonien und im westlichen Elam vor. Daraufhin floh Shutruk-Nahunte, wie aus den assyrischen Texten zu entnehmen ist, in die Berge.

Danach konnte Sargon sich gegen seinen Hauptgegner Merodach-baladan (721–703 v. Chr.) in Babylon wenden.

Der Babylonier machte dem elamischen Herrscher üppige Geschenke und bat ihn um Hilfe. Nachdem Shutruk-Nahunte laut assyrischen Quellen sich weigerte, Merodach-baladan Asyl zu geben, zog der Babylonier in eine Festung an der elamisch-babylonischen Grenze. In der babylonischen Chronik wird jedoch berichtet, dass Merodach-baladan an der Spitze seiner Großen nach Elam floh.

Im Jahre 709 v. Chr. setzte sich Sargon selbst auf den babylonischen Thron. Der Assyrer besetzte Elam nicht, verstärkte jedoch die Grenze zwischen Elam und Babylon.

Elam erlitt 708 v. Chr. einen zusätzlichen Rückschlag, als Talta, der Herrscher von Ellipi, (heute *Lorestan*) starb und ein Krieg zwischen seinen beiden Söhnen ausbrach. Während der eine Sohn Nibe die Hilfe von Shutruk-Nahunte suchte (Shutruk-Nahunte stellte Nibe 4500 Bogenschützen zur Verfügung), wandte sich der andere Sohn Ishpabara erfolgreicher an den Assyrer, dessen Truppen ihn auf den Thron brachten. Somit verlor Elam seine nördliche und südliche Pufferzone gegen Assyrien (148).

Shutruk-Nahunte sandte 703 v. Chr. erneut eine elamische Armee zur Unterstützung von Merodach-baladan und brachte ihn auf den babylonischen Thron zurück. Der neue assyrische König Sennacherib (704–681 v. Chr.) antwortete prompt: Er schlug die elamischen und die babylonischen Truppen und setzte einen neuen König in Babylon ein.

Sennacherib kehrte 700 v. Chr. wieder in den Süden zurück, setzte seinen Sohn Ashur-nadin-shumi in Babylon auf den Thron und vertrieb Merodach-baladan und seine Truppen in die Sumpfgebiete des südlichen Meerlandes (145).

Als Folge der wiederholten Niederlagen Shutruk-Nahuntes gegen Assyrien kam es in Elam zu einer Revolte. Er wurde laut babylonischer Chronik von seinem jüngeren Bruder Hallushu-Inshushinak (698–693 v. Chr.) entthront.

Vom neuen König gibt es eine einzige Inschrift, in der er sich als »Mehrer des Reiches« bezeichnet. Dem Gott Inshushinak hat er einen Tempel aus glasierten Ziegeln gestiftet. In dieser Inschrift nennt sich Hallushu-Inshushinak *shak* des Königs Humban-tahrah. Auch in diesem Fall bedeutet »Sohn« einen männlichen Nachfahren, denn Humban-tahrah ist der Großonkel von Hallushu-Inshushinak (144).

Sennacherib unternahm 694 v. Chr. einen Vorstoß zu Land und zu See gegen die babylonische Armee an der elamischen Küste. Hallushu-Inshushinak beantwortete den assyrischen Angriff auf sein Meerland mit einem Gegenangriff. Noch im Oktober desselben Jahres eroberte er Sippar in Nordbabylonien. Die Elamer schnitten somit die Rückverbindung der Assyrer ab. Die Babylonier nahmen Sennacheribs Sohn in Babylon gefangen und schickten ihn nach Elam. An seiner Stelle ernannte Elams König den babylonischen Verbündeten Nergal-ushezib zum König.

Ende September 693 v. Chr. unternahmen die Assyrer einen überraschenden Gegenangriff gegen die verbündeten Elamer und Babylonier bei Nippur. Nergal-ushezib wurde gefangen genommen, die nördlichen Gebiete an der elamischen Grenze wurden geplündert. Hallushu-Inshushinak kehrte geschlagen nach Susa zurück, er wurde abgesetzt und getötet. An seiner Stelle folgte sein ältester Sohn Kudur-Nahunte (145).

Von der Regierungszeit Kudur-Nahuntes sind keine elamischen Texte bekannt. Im Winter 693 v. Chr. ging Sennacherib militärisch gegen Kudur-Nahunte vor. Nach seinen Texten befindet sich der Regierungssitz von Kudur-Nahunte nun nicht mehr in Susa, sondern in Madaktu (149).

Der Elamer flüchtet, als dieser Ort in Gefahr gerät, aus Madaktu nach Hidalu. In den mesopotamischen Texten werden diese beiden Orte nunmehr anstelle von Susa als Hochburgen von Elam genannt.

Madaktu müsste wahrscheinlich nördlich von Susa und Hidalu in den östlichen Bergen auf dem Weg nach Fars zu finden sein (s. Abb. 23). Susa wie auch Babylon dienten in dieser Zeit eher als kulturelle Zentren. Sie kamen aufgrund ihrer geografischen Lage nicht als politische bzw. militärische Basen infrage.

Wie in den babylonischen Texten zu lesen ist, wird Kudur-Nahunte in einem Volksaufstand gefangen genommen und getötet. Er regierte ganze zehn Monate (150). Drei aufeinanderfolgende Könige wurden bei drei Revolten abgesetzt; der Verfall des neuen Reiches zeichnete sich ab.

Nachfolger von Kudur-Nahunte wurde sein jüngerer Bruder Humban-nimena (692–689 v. Chr.). Dem neuen König gelang es, trotz widriger Umstände eine Armee zu rekrutieren und zur Unterstützung des babylonischen Königs in den Krieg gegen Assyrien zu ziehen.

Die Schlacht in Halule am Tigris im Jahre 691 v. Chr. gegen Assyrien fand unter der Führung eines elamischen Befehlshabers statt. In der verbündeten Armee befanden sich neben Elamern und Mesopotamiern auch Truppen aus Parshua, aus Ellipi im nördlichen Lorestan sowie aramäische Stämme vom Tigris. Bei dem Kontingent aus Parshua (Perserland) handelte es sich um iranische Einwanderer, die sich wahrscheinlich im Gebiet von Anzan und Fars niedergelassen hatten (145).

Über den Ausgang des Krieges gibt es unterschiedliche Darstellungen: Während Sennacherib den Sieg für sich in Anspruch nimmt, wird in der babylonischen Chronik vom Sieg Humban-nimenas über die Assyrer berichtet. In Babel regierte Mushezib-Marduk auf alle Fälle weiter (151).

Anfang des Jahres 689 v. Chr. erlitt Humban-nimena einen Schlaganfall. Sennacherib nutzte die Gelegenheit und überfiel Babylon, die Stadt wurde verwüstet, Mushezib-Marduk gefangen genommen und nach Ninive verschleppt.

Ende Februar 688 v. Chr. starb Humban-nimena, sein Nachfolger wurde Humban-haltash I (688–681 v. Chr.), der vermutlich ein Vetter des Verstorbenen war. Der neue König pflegte angeblich gute Beziehungen zu Babylonien und führte wahrscheinlich die beschlagnahmten Götter nach Uruk zurück (145). Seine anscheinend friedlich verlaufene Regentschaft endete durch eine plötzlich aufgetretene Krankheit mit seinem Tod. In der babylonischen Chronik heißt es (151): »Am 23. Teshrit (entspricht etwa Mitte Oktober 681) traf Humban-haltash, den König von Elam, am frühen Nachmittag ein plötzliches Übel; er starb noch am selben Abend bei Sonnenuntergang.«

Sein Nachfolger wird einer seiner Neffen, Humban-haltash II (680 bis 675 v. Chr.).

Indes kommt es in Babylonien zu politischen Wirren und Streitigkeiten zwischen örtlichen Führern. In Assyrien wird Sennacherib von seinem Sohn Esarhaddon (680–669 v. Chr.) ermordet.

Human-haltash II versuchte, gute Beziehungen mit Assyrien zu unterhalten. Während der assyrischen Krise, die durch die Ermordung von Sennacherib entstand, versuchte eine babylonische Widerstandsgruppe, Humban-haltash gegen Esarhaddon zu gewinnen. Sie sandte dem elamischen König üppige Geschenke, allerdings ohne Erfolg. Im ersten Jahr seiner Regierung ließ Humban-haltash II einen babylonischen Rebellen, der in Elam Asyl suchte, gefangen nehmen und hinrichten (152).

Die scheinbare Verständigung zwischen Elam und Assyrien war jedoch nicht von Dauer. Humban-haltash II überfiel im Jahre 675 v. Chr. Nordbabylonien und plünderte Sippar. Kurz darauf »starb er in seinem Palast, ohne krank gewesen zu sein« (153).

Parallel zur Regierungszeit von Humban-haltash II wird von der Schattenherrschaft eines anderen elamischen Königs Shilhak-Inshushinak II (680–675 v. Chr.) berichtet, der anscheinend in Susa lebte. Sein Name wird in der babylonischen Chronik jedoch nicht erwähnt. Auf einer Bronzetafel, die er dem Tempel der Göttin Venus (der Niarsina) gestiftet hatte, heißt es (154): »König Shilhak-Inshushinak, der Sohn des Ummanini, der dieses Heiligtum der (Göttin) Venus, der Herrin von Susa, ihr gegeben hatte ...«

Laut babylonischen Quellen folgte auf Humban-haltash II dessen Bruder Urtaki (674–663 v. Chr.). Seine Residenz ist unbekannt. Er ist der letzte König Elams, der in der babylonischen Chronik erwähnt wird; in elamischen Quellen taucht sein Name jedoch nicht auf.

Urtaki versuchte, mit Assyrien ein gutes Verhältnis zu pflegen. Es ist möglich, dass er durch die politische Unterstützung Assyriens an die Macht gekommen war (145). Die Beziehungen zwischen Elam und Assyrien waren bis zum Tode Esarhaddons im Jahr 669 v. Chr. überraschend gut. Zwischen den beiden Herrschern wurde ein Vertrag abgeschlossen und Elam sandte die Standbilder der babylonischen Götter wieder zurück.

In Assyrien folgte nach dem Tod von Esarhaddon dessen Sohn Assurbanipal (668–627) auf den Thron. Der neue assyrische König schickte Urtaki zur Milderung der Hungersnot in Elam Getreide. Kurz darauf verschlechterten sich jedoch die Beziehungen zwischen den beiden Ländern.

Elams Untergang

Die Schwächung des neuelamischen Reiches wurde durch die ständigen Kriege gegen Assyrien, die Unterwanderung seines Territoriums durch die iranischen Einwanderer und durch die Umwandlung des altbewährten Bundesstaates in einen nur lose zusammenhängenden Staatenbund verursacht.

Um 665 v. Chr. startete Urtaki einen Überraschungsangriff gegen Babylonien und bedrohte die Stadt Babylon. Assurbanipal machte Urtaki schwere

Vorwürfe und vermerkte (155): »Als schwere Zeiten für Elam angebrochen waren und Hungersnot herrschte, habe ich ihm (dem Urtaki) Korn gesandt, um sein Volk am Leben zu erhalten. Ich stand ihm bei. Diejenigen seines Volkes, die vor den harten Zeiten geflohen waren und sich in Assyrien niedergelassen hatten, bis wieder Regen fiel und es wieder Ernte gab – diese Leute, die sich in meinem Land am Leben erhalten hatten, sandte ich ihm wieder zu. Nie hätte ich in meinem Herzen einen Angriff des Elamers vermutet, nie an seine Feindseligkeit gedacht.«

Assurbanipal schickte seine Armee und zwang Urtaki zur Rückkehr nach Elam; kurz darauf stirbt Urtaki. Tempt-Humban-Inshushinak (663 bis 653 v. Chr.), Sohn von Shilhak-Inshushinak II, wird sein Nachfolger. In akkadischen Texten wird sein Name zu Te-Umman abgekürzt.

Um seine Macht zu sichern, ließ der neue König seine potenziellen Gegner, die ihm die Herrschaft streitig machen könnten, verfolgen und ermorden. Daraufhin flohen die beiden Söhne von Humban-haltash II (Kudurru und Paru) und drei Söhne von Urtaki (Huban-nikash, Huban-appa und Tammaritu) zusammen mit Verwandten und Gefolgsleuten nach Assyrien und suchten Schutz bei Assurbanipal, der sie mit offenen Armen empfing. Die Forderung Tempt-Humban-Inshushinaks nach deren Ausweisung wurde vom assyrischen König abgelehnt (156).

Der elamische König hinterließ zahlreiche Inschriften und stiftete der Göttin Pinigir einen Tempel in Susa. In einer seiner Inschriften heißt es (157): »Ich (bin) Tepti-Huban-Insushnak, der Sohn des Shilhak-Insushnak, die Länder (*oder* das Land), (nämlich) die Balahute schlug ich nieder und seinen (= des Landes!) ... erntete? ich, die Länder (*oder* das Land), (nämlich) die Lallari schlug ich nieder und seinen (= des Landes) Tribut erhielt (empfing) ich. Brandziegel formte ich und das Heiligtum der (Göttin) Pinigir, meiner Gottheit, möchte ich hier bauen ...«

Dem Gott Inshushinak widmete er ebenfalls einen Tempel; die Inschrift lautet (158): »Ich (bin) Tepti-Huban-Insushnak, der Sohn des Shilhak-Insushnak, sein! Heiligtum baute ich, und dem (Gott) Insushnak, meinem Gotte, gab ich es.«

In Babylonien setzte Assurbanipal seinen Bruder Shamash-shum-ukin (667–648 v. Chr.) an die Macht.

Seit dem Tod von Urtaki waren zehn Jahre vergangen und Tempt-Huban-Inshushinak konnte in dieser Zeit ungestört regieren. Als er mit den Gedanken spielte, einen neuen Krieg anzufangen, wurde er im Juli 653 von einem epileptischen Anfall heimgesucht. Einen Monat später griff der elamische König trotzdem Babylonien an und belagerte die Gegend in der Nähe von Bit Imbi. Somit war Der, die Einfallspforte für gegenseitige Angriffe, aus der Sicht Assyriens in Gefahr. »Im Monat Ab (August 653), als ich in Arbela (Erbil) weilte, wurde mir Kunde gebracht von dem Vormarsch des Elamers«, schreibt Assurbanipal.

Assyrische Truppen gingen im September 653 v. Chr. gegen die Elamer vor; sie sicherten den strategisch wichtigen Ort Der und marschierten vom Norden her auf Elam zu. Die Schlacht fand am Fluss Ulai (Karkheh) statt. Die Assyrer konnten mit Hilfe der Deserteure aus der elamischen Armee die Schlacht für sich entscheiden. Die elamischen Truppen erlitten schwere Verluste. »Der Fluss Ulai (Karkheh) war voll mit den Leibern der Gefallenen und die Leichen füllten das Feld von Susa«, schreibt Assurbanipal.

Auch wenn die assyrische Beschreibung übertrieben sein mag, die Schlacht scheint für Elam eine Katastrophe gewesen zu sein. Von dieser Niederlage hat sich das Land nicht mehr erholt.

Tempt-Humban-Inshushinak fand bei dieser Schlacht den Tod. Assurbanipal setzte Humban-nikash II, den einen Sohn Urtakis, in Madaktu, und Tammaritu, den anderen Sohn von Urtaki, in Hidalu (*Behbahan*) auf den Thron. Susa wurde nicht eingenommen. Dort setzte sich Attahamiti-Inshushinak (»Inshushinak ist ein treuer Vater«) auf den Thron (653–648 v. Chr.). Er war wahrscheinlich ein Vetter von Tempt-Humban-Inshushinak. Eine Inschrift von ihm lautet (159): »Ich, Addahamiti-Inshushinak, Sohn des Hutrantepti, Susa habe ich geliebt und das Volk von Susa habe ich geliebt; für das Volk von Susa habe ich mein Bild angebracht.« Auf dieser Inschrift ist der Kopf des Königs in Seitenansicht mit Helm abgebildet (Abb. 24).

In der Zeit zwischen 652 und 648 v. Chr. erlebte Assyrien aufgrund der Rivalitäten zwischen Assurbanipal und seinem Bruder Shamash-shum-ukin (667–648 v. Chr.), dem Regenten von Babylon, einen Bürgerkrieg.

In Madaktu stand Humban-nikash II acht Monate treu zu Assurbanipal, der ihn auf den Thron gesetzt hatte. Der Elamer nutzte die Unruhen in Assyrien, um verloren gegangenes Territorium wiederzugewinnen. Zur Unterstützung von Shamash-shum-ukin mobilisierte er eine Armee und kämpfte zusammen mit Chaldäern und Aramäern gegen die Assyrer. Seine Niederlage in der Nähe von Der war der Anlass für eine Revolte und seine Absetzung.

Humban-nikash II wurde von einem anderen Tammaritu (652 bis 649 v. Chr.) vom Thron abgesetzt (160). Zusammen mit dem Chaldäer Nabu-bel-shumati (Sohn des früheren babylonischen Königs Merodach-baladan) suchte Tammaritu fortan kriegerische Auseinandersetzungen mit Assyrien (161). Trotz seines Erfolges wurde er im Verlaufe einer neuen Revolte abgesetzt; ein einheimischer General namens Indabibi (649–648 v. Chr.), der die Revolte anführte, wurde sein Nachfolger.

Als Assurbanipal drohte, als Vergeltung für die elamische Unterstützung von Nabu-bel-shumati in Elam einzumarschieren, wurde Indabibi kurze Zeit nach seiner Machtübernahme ermordet. In Madaktu, der nördlichen Hauptstadt Elams, wurde nun Humban-haltash III (648–642), Sohn des Attahamiti-Inshushinaks, als neuer König eingesetzt.

Um 648 v. Chr. stand Südbabylonien unter assyrischer Kontrolle. Widerstand kam lediglich von Nabu-bel-shumati, der in Elam ungestraft untertauchen konnte. Obwohl Humban-haltash III für die Auslieferung von Nabu-bel-shumati war, konnte er sich aufgrund der schwachen Position, die er innehatte, gegen die elamischen Unterstützer des Rebellen aus Chaldäa nicht durchsetzen.

Der Kriegsschauplatz verlagerte sich nun auf elamischen Boden. Die assyrische Armee drang 647 v. Chr. in Elam ein. Humban-haltash III musste, nach einem kurz im Norden geleisteten Widerstand, Madaktu aufgeben und in die Berge fliehen. Große Gebiete in Khuzistan wurden von assyrischen Truppen verwüstet. Tammaritu, der nach seiner Absetzung nach Assyrien geflohen war, wurde wieder in Susa als König eingesetzt.

Als die Assyrer sich zurückzogen, kehrte Humban-haltash III nach Madaktu zurück. Im Jahre 646 v. Chr. griff Assurbanipal Elam erneut an, Humban-haltash floh wieder aus Madaktu. Er hatte sich nach Dur-Untash (*Chogha Zanbil*) abgesetzt und auf der linken Seite des Dez-Flusses Abwehrstellung bezogen.

Assyrische Truppen überrannten Susiana und verfolgten Humban-haltash III bis in die östlichen Berge. Sie drangen nach Anzan bis Behbahan vor und zerstörten auf ihrem Weg die verbliebenen politischen Zentren Elams. Die Führer der Bergregionen im Osten Khuzistans erkannten, dass der Staat, der ihnen als Puffer gegen Assyrien diente, nun völlig zerstört war. Sie betonten gegenüber Assurbanipal ihre Ergebenheit und sandten dem assyrischen König Tribut und Geiseln zu.

Unter denen, die ihre Ergebenheit kundtaten, war Kurash, der König von Parshua, der Großvater von Kurash dem Großen. Hieraus folgt, dass ein

Teil von Fars schon seit Langem nicht mehr unter dem politischen Einfluss der elamischen Herrscher gestanden hatte, sondern sich vielmehr unter der Kontrolle der Perser befand, die sich seit 700 v. Chr. unter der Führung von Achaemenesh dort niedergelassen hatten.

Auf ihrem Rückmarsch vom Osten Khuzistans nahmen die Assyrer im Spätherbst 646 v. Chr. die Hauptstadt Elams, Susa, die je kaum besiegt worden war, ein. Aus den assyrischen Texten ist zu entnehmen, mit welch ungebändigter Kraft die Stadt geplündert wurde. Assurbanipal schreibt u. a. (155): »Auf dem Rückmarsch (von Anzan) eroberte ich Susa, die große heilige Stadt, den Wohnsitz der Götter meiner Feinde. Ich zog in ihre Paläste ein und weilte dort mit Wohlbehagen. Ich öffnete ihre Schatzkammern, in denen Silber und Gold, Reichtümer und Kostbarkeiten aufgehäuft waren, angesammelt von den früheren Königen Elams bis auf den letzten, auf die außer mir noch kein Eroberer je die Hand gelegt hatte … dazu die ganzen Möbel der Paläste, auf denen der König saß und lag; das Geschirr, aus dem er aß, sich wusch und salbte; die Prunkwagen und Streitwagen mit ihrem Schmuck aus Gold und Elektron, die Pferde und Maultiere mit ihrem goldenen und silbernen Zaumzeug – all das schleppte ich nach Assyrien fort … Die Tempel von Elam schleifte ich. Ihre Götter, ihre Göttinnen machte ich zu Wind. Ihre geheimen Haine, die noch kein Fremder betreten, in die noch keiner auch nur am Rande eingedrungen – in sie drangen meine Soldaten ein, schauten ihre Geheimnisse und vernichteten sie durch Feuer … Während eines Marsches von fünfundfünfzig Tagen verwandelte ich das Land in eine Wüstenei. Auf seinen Fluren säte ich Salz und Disteln …« Anschließend beschreibt er, dass er die Bewohner der Stadt nach Assyrien verschleppt hatte.

Der Stil, in dem Assurbanipal hier berichtet, erinnert laut M. W. Stolper (161) an Sargons Plünderung von Urartus religiösem Zentrum Musasir im Jahr 714 v. Chr. oder an die Zerstörung von Babylon im Jahre 689 v. Chr. durch Sennacherib. Es handelte sich um einen kalkulierten Vorgang, um die Welt zu schockieren und die politische und kulturelle Ausrottung Elams zu proklamieren.

Trotz diesen außerordentlichen Gebärden, so der Autor, existierten Überreste einer elamischen Regierung weiter. Humban-haltash III blieb König des Landes, er kehrte einige Monate nach Assurbanipals Durchmarsch in die nun zerstörte Stadt Madaktu zurück und setzte seine Regierung von dort aus fort. Er bereitete nun die Auslieferung von Nabu-bel-shumati an Assurbanipal vor. Beeindruckt von dieser Nachricht, ließ der assyrische König verkünden: »Zwischen den beiden Königen herrscht Frieden.« Doch vor seiner Auslieferung beging Nabu-bel-shumati aus Verzweifelung Selbstmord.

Innere Unruhen in seinem kleinen Königreich zwangen Humban-haltash III, in die Berge von Lorestan zu fliehen. In der Stadt Marubishti in Ellipi wurde er gefangen genommen und zu Assurbanipal gebracht (162).

Von nun an schweigen die assyrischen Quellen, was Elam anbetrifft.

Am Beginn der neuelamischen Epoche wurde das Land von einer starken Monarchie geführt, die in der Lage war, Verbündete im nördlichen Bergland zu rekrutieren und Babylonien militärisch zu unterstützen.

In der späteren Phase hatte das Land die traditionelle Verbindung zur Bergregion im Norden verloren und war nicht mehr in der Lage, dort Verbündete zu gewinnen. Darüber hinaus kam es zwischen den Rivalen, die den Thron für sich in Anspruch nahmen, zu Streitigkeiten. Einheimische Kriegsführer besaßen zur Durchführung ihrer politischen Ziele große Freiheiten.

Auch wenn das Flachland Susiana nicht gerade zu einer assyrischen Provinz wurde, war es doch nicht unabhängig und das Land besaß kein funktionsfähiges politisches Zentrum mehr.

Babylonien befand sich Mitte des siebten vorchristlichen Jahrhunderts in einer ähnlichen Lage wie Elam, erlebte jedoch im letzten Viertel des siebten Jahrhunderts eine politische Wiedergeburt. Dies gelang durch das gemeinsame Vorgehen mit Medern beim Zerstören des assyrischen Imperiums (163).

Mit der Thronbesteigung von Nabopolassar (625–605 v. Chr.) begann der neubabylonische Staat bald zu wachsen. Eine der ersten Aktivitäten des neuen babylonischen Königs war der Abschluss eines neuen Friedensvertrages mit Elam. In einer babylonischen Chronik wird berichtet, dass Nabopolassar in seinem ersten Regierungsjahr die Susa-Götter, die die Assyrer nach Uruk weggeschleppt hatten, wieder nach Susa zurückführte (164). Dadurch versuchte er nach dem alten Muster, elamische Unterstützung für seine Kriegsaktivitäten in Nordbabylonien zu gewinnen.

Hieraus geht hervor, dass ein elamischer Staat mit Susa als Zentrum sich wieder etablierte. Die in Susa und anderorts gefundenen Texte zeigen ebenfalls die Wiederherstellung eines elamischen Staates im gleichen Zeitraum. Die Texte dokumentieren die Wiederbelebung von Susa als politisches und administratives Zentrum, noch vor der achämenidischen Herrschaft in dieser Stadt (163).

Spätestens um 625 v. Chr. hatte sich in Susiana ein elamisches Königreich konstituiert, das bis zur Einnahme des Landes durch Kurash II überdauerte.

Es gibt vage, aber beweiskräftige Anzeichen dafür, dass in der Zeit nach 646 v. Chr. ein oder mehrere Fürstentümer in Susiana entstanden sind (165).

In Assyrien nahm die Machtstellung des Landes nach dem Tod von Assurbanipal rasch ab. Im Gebiet von Gutium (im heutigen iranischen Kurdistan) hatten sich die Meder eine neue Vormacht aufgebaut. Es scheint, dass es im Jahre 613 v. Chr. dem Meder-König Kyaxares (Huwachshtra, 625 bis 585 v. Chr.) gelang, die Skythier im nördlichen Hochland von Assyrien unter Kontrolle zu bringen.

Im Jahre 612 v. Chr. waren Kyaxares und Nabopolassar unter sich einig, gemeinsam Ninive anzugreifen: In der Zeit zwischen Juni und August führten sie drei Angriffe gegen die Assyrer, und sie verloren alle drei Schlachten. Ein letzter Angriff im August war jedoch ein voller Erfolg. Nach der Einnahme von Ninive wurde Assyrien zwischen den Medern und den Babyloniern aufgeteilt. Susiana fiel dabei an Babylonien (162).

Inzwischen trat eine schillernde Figur auf der Weltbühne an: Der Perserkönig und spätere Welteroberer Kurash II der Große (559–530 v. Chr.), der wie es scheint durch die elamischen Institutionen geprägt war und sogar den elamischen Namen »Kurash« angenommen hatte (159).

Im Jahr 553 v. Chr. gelang es Kurash II, die Meder zu unterwerfen; das östliche Hochland von Anzan, das bis dahin von den Medern abhängig war, kam unter seinen Einfluss. In seinen Inschriften nimmt Kurash den Titel »König von Anzan« für sich, für seinen Vater Cambyses I, seinen Großvater Kurash I und seinen Urgroßvater Teispes in Anspruch.

Wann und wie Kurash der Große Susiana und Khuzistan unter seine Kontrolle brachte, geht aus den Dokumenten nicht hervor. Dies geschah wahrscheinlich kurz vor der Eroberung von Babylonien im Jahre 539 v. Chr. Es scheint, dass Kurash II Khuzistan und den Korridor Trans-Tigris-Diyala einnahm, bevor er in Babylonien eindrang. Er folgte hierbei der gleichen Strategie wie die Mittel- und Neuelamer (163).

Wie sich Elam politisch weiterentwickelte, war zu erfahren, als Darius I der Große (522–486 v. Chr.) im Perserreich an die Macht kam.

In seinem ersten Regierungsjahr unterdrückte Darius einen Aufstand in Elam. Unter den Aufständischen befand sich ein gewisser Imanish, der den Thron bestieg. Er soll, wie es berichtet wird, seinen Wohnsitz in Fars gehabt haben (166). Dies zeigt, dass sich die Basen des politischen Widerstandes in Elam wie in früheren Zeiten in den Randgebieten Khuzistans befanden.

Im dritten Regierungsjahr von Darius hatte sich Atamaita zum König von Elam erklärt. In einer Schlacht wurde er von dem Heerführer des persischen Königs besiegt, gefangen genommen und vor Darius gebracht, der ihn hinrichten ließ. Danach, so ist in der Inschrift von Darius zu lesen, wurde Elam ein Bestandteil des persischen Reiches (155).

Neben Persien und Medien war Elam die dritte Satrapie im achämenidischen Großpersien. In Susa entstanden neue Paläste, die Stadt wurde die Sommerresidenz der persischen Könige.

Was die elamische Sprache betrifft, so lebte sie auch nach dem Untergang Elams weiter. Die Administrativtafeln aus Susa zeigen die Weiterverwendung des Elamischen bei der Dokumentierung von Verwaltungstexten und dessen Gebrauch als die offizielle Korrespondenzsprache. Die mehrsprachigen Inschriften der Achämeniden, die im letzten Viertel des vorchristlichen sechsten Jahrhunderts beginnen und bis ins vierte vorchristliche Jahrhundert reichen, verwenden neben dem Persischen und Babylonischen regelmäßig das Elamische (167).

Zwei Archive über Verwaltungsurkunden aus Persepolis und mehrere Tausend in elamisch verfasste Tafeln aus der Regierungszeit von Darius, Xerxes und Artaxerxes I beweisen den weiteren Gebrauch der elamischen Verwaltungs- und Dokumentationsverfahren im Südwesten Irans. Aus Kandahar stammende Dokumente zeigen, dass die elamische Dokumentationstechnik auch in einigen Gebieten von Afghanistan angewandt wurde.

Innerhalb des persischen Großreiches kontrollierten die Satrapen von Elam das Gebiet Susiana. Hellenische und römische Quellen berichten jedoch, dass die umliegenden Regionen von Bewohnern besiedelt waren, die der persischen Regierung nie ganz unterworfen waren: im Norden das Tal von Saimarreh-Karkheh, im Südosten die Region Fahlian und vor allem im Osten und Nordosten das Gebiet entlang des oberen Karun und des Jarrahi-Flusses (168).

Von den Achämeniden-Königen wurde den Bewohnern dieser Gebiete weitreichende Autonomie zugestanden. Für die Gelder, die sie von der Regierung erhielten, bekam im Gegenzug die Regierung Soldaten und Vieh (169).

Nach dem Untergang der Achämeniden-Dynastie im Jahre 330 v. Chr. behielten die Elamer ihre Autonomie auch in der Zeit der Seleukiden und Parther.

Die Elamer waren wohlhabend und somit attraktiv genug, um Antiochus III (187 v. Chr.) und Antiochus IV (164 v. Chr.) zu veranlassen, Raubzüge gegen sie zu veranstalten – und stark genug, um beide Angriffe abzuwehren (170).

Um 147 v. Chr. wurde Susa von einem elamischen Herrscher (Kamniskires) eingenommen (171).

Die Parther rückten um 141 v. Chr. von Babylonien aus vor und brachten Susiana unter ihre Kontrolle, Elam selbst unterwarfen sie jedoch nicht.

Ein bedeutungsvollerer Aufstand fand zwei Jahrhunderte später in Elam statt: Als Parther und Römer während des ersten Jahrhunderts n. Chr. um den Einfluss in Mesopotamien miteinander wetteiferten, nahm ein elamischer Satrape Susiana ein und dehnte seinen Einflussbereich bis in Teile Südbabyloniens und Persiens aus (172).

Diese Ereignisse fanden jedoch in der Gegenwart großer Imperien statt, die in einer anderen Dimension operierten. Auch was die Dauer und Reichweite dieser Ereignisse anbetrifft, waren sie weit entfernt von dem, was sich in der Epoche von Sukkalmah oder in der mittelelamischen Epoche ereignete.

Tabelle I: In Westasien vorkommenden Getreidearten ab 11. Millennium
v. Chr.: nach Judith Pullar (17)

Fundort	Datum v. Chr.	Wild-Einkorn	Einkorn	Wild-Emmer	Emmer	Wild-Gerste 2-reihig	Gerste 2-reihig gehülst	Gerste 2-reihig nackt	Gerste 6-reihig gehülst	Hafer	Erbse	Linse	Wicke
Ali Kosh (B. M)	7000-6500	x	x	-	x	x	-	x?	-	-	-	-	-
Ali Kosh (A. K.)	6500-6000	-	-	-	x	-	x	-	x	w	-	-	-
Ali Kosh (M. J.)	6000-5600	-	-	-	x	-	x	-		w	-	-	x
Tepe Guran	6500-6200	-	-	x	-	x	x	-	-	-	-	-	-
Sarab	ca. 6200				x								
Jarmo	ca. 6500	x	x	x	x	x	-	-	-	-	x	x	x
Hacilar(Ac)	ca. 7000	x	-	-	x	-	-	-	-	-	x	x	x
Cayönü	ca. 7000	x	-	x	x	-	-	-	-	-	x	x	x
Jericho PPNA	ca. 7500	-	x	-	-	-	x	-	-	-	-	-	-
Jericho PPNB	ca. 6500	-	x	-	x	-	x	-	-	x	x	x	-
Jericho PPNB	ca. 6500	-	x	-	x	-	x	-	-	x?	x	x	-
Beidha PPNB	ca. 7000	-	-	-	x	x	-	x	-	w	-	-	x
Nahal Oren	ca. 10000	-	-	-	x	x	-	-	-	-	-	-	-
Mureybit	ca. 7800	x	-	-	-	x	-	-	-	-	-	-	-
T. Abu Hureyra	ca. 8000	x	-	-	-	x	-	-	?	-	-	x	x
Ramad	ca. 6500	-	x	-	x	-	x	-	-	-	-	x	-

W= Wild

Tabelle 2: Umwandlungen beim Übergang der mittelelamischen zur neu-elamischen Epoche

Mittelelamische Epoche (14.–12. Jh. v. Chr.)	Neuelamische Epoche (11.–6. Jh. v. Chr.)
bedeutender Anteil an sesshafter Bevölkerung	starke Abnahme der sesshaften Bevölkerung
Anteil der Hirtenvölker weniger bedeutend	starke Zunahme der Hirtenvölker
fortgeschrittene Urbanisation	Desurbanisation: viele Dörfer und kleine Siedlungen
ethnische Homogenität	ethnische Heterogenität - Rückgang der elamischen Elemente - Niederlassung der Perser, Aramäer usw. in elamischen Randgebieten
soziale Homogenität	soziale Heterogenität - Ausweitung des Nomadismus - Entstehung von Volksstämmen
zentralistische Politik - Einheit von Groß-Elam - eine einzige Hauptstadt - regionale Verwaltung	Zerbröckelung der zentralistischen Politik - Zerfall von Groß-Elam - mehrere Machtzentren, dezentralisierte Regierung - schwache bzw. nicht vorhandene regionale Verwaltung

Zeittafel I: Herrscher der Dynastie von Awan – um 2600–2100 v. Chr.*

Awan	Elam / Susa	Akkad
3 unbekannte Könige (um 2500 v. Chr.)		
1. Peli		
2. Tata		
3. Ukku-tahesh		
4. Hishu		
5. Shushun-tarana		
6. Napilhush		
7. Kikku-siwe-tempt	Sanam-shimut (Vizekönig von Elam)	
8. Luhishan	Luh-ishan (Prinz von Elam)	Sargon (2334–2279)
9. Hishepratep	Hishiprashini (König von Elam)	Rimush (2278–2270)
10. Helu	Eshpum (Gouverneur von Elam) Epirmupi (Gouverneur von Susa, Vizekönig von Elam)	Manishtushu (2269–2255)
11. Hita	Ilish-mani (Gouverneur von Susa, Vizekönig von Elam)	Naram-Sin (2254–2218)
12. Kutik-Inshushinak	Kutik-Inshushinak (Vizekönig von Elam, König von Awan)	Shar-kali-sharri (2217–2193)

* Die Daten in den Zeittafeln wurden vornehmlich der Veröffentlichung »Elam, Survey of Political History and Archaeology« entnommen.

Zeittafel II: Herrscher der Simash-Dynastie – um 2100–1900 v. Chr.

Simash	Ur III	Isin
	Ura-nammu (2114) Shulgi (2094–2038)	
1. Girnamme	Amar-Sin (2046–2038)	
2. Ebarti I (um 2040)		
3. Tazitta	Shu-Sin (2037–2029)	
6. Kindattu	Ibbi-Sin (2028–2004)	Ishbi-Erra (2017–1985)
7. Idattu		
8. Tan-Ruhurater (um 1970)		Shu-Ilishu (1984–1975)
9. Ebarti II		Iddin-Dagan (1974–1954)
10. Idaddu II (um 1925)		

Zeittafel III: Haus der Epartiden (Großregenten: Sukkalmah) – um 1900–1500 v. Chr.

Elam	Larsa	Babylonien	Assyrien
Epart	Gungunum (1932–1906)		
Shilhaha (um 1900)	Sumu-El (1894–1866)		
Addahushu		Sumu-abum (1894–1881)	
	Sin-Iqisham (1840–1836)		
	Warad-Sin (1835–1823)		
	Rim-Sin (1822–1763)		Shamshi-Adad I (1813–1781)
Shiruktuh (um 1800)			
Shimut-wartash			
Siwe-palar-huhpak		Hammurabi (1792–1750)	
Kuduzulush (um 1765)			Ishme-Dagan I
Kuter-Nahunte I (um 1730)		Samsu-iluna (1749–1712)	
Kuk-Nashur (um 1646)		Ammisaduqa (1646–1626)	

Zeittafel IV: Mittelelamische Epoche – um 1450–1100 v. Chr.

I Frühe mittelelamische Epoche

Elam	Babylonien	Assyrien
Kidinu		
Inshushinak-shar-ilani (um 1450)	Ea-gamil	
Tan-Ruhuratir II	Ulamburiash	
Tepti-ahar (um 1365)	Kadashman-Enlil II (1374–1360)	
Hurbatila (um 1330)	Kurigalzu II (1332–1308)	

II Epoche der Ige-halkiden

Elam	Babylonien	Assyrien
Ige-halki (um 1320)		
Pahir-ishshan		
Attar-kittah		
Humban-numena (um 1275)		
Untash-Napirisha	Kashtiliashu II (1232–1225)	
Unpahash-Napirisha		Tukulti-Ninurta I (1243–1207)
Kidin-Hutran (um 1215)	Enlil-nadin-shumi (1224)	
	Adad-shuma-iddina (1222–1217)	

III Epoche der Shutrukiden

Elam	Babylonien	Assyrien
Halludush-Inshushinak		
Shutruk-Nahunte (um 1165)	Zababa-shuma-iddina (1158)	Ashur-dan I (1178–1133)
Kutir-Nahunte II	Enlil-nadin-ahi (1157–1155)	
Shilhak-Inshushinak		
Huteludush-Inshushinak (um 1120)	Nebukadnezar (1125–1104)	
Shilhina-hamru-Lagamar		

Zeittafel V: Neuelamische Epoche – um 750?–519 v. Chr.

Elam	Elams lokale Führer	Babylonien	Assyrien
			Shamshi-Adad V (823–811)
Humban-tahrah (760?–742)			
Humban-nikash I (743-717)		Merodach-baladan (721–703)	Sargon II (721–705)
Shutruk-Nahunte II (716–699)	Hanni (in Izeh)		
Hallushu-Inshushinak (698–693)			Sennacherib (704–681)
Kudur-Nahunte (693–692)			
Humban-nimena (692–689)			
Humban-haltash I (688–681)	Ummanini		
Humban-haltash II (680–675)	Shilhak-Inshushinak II (680–675) in Susa		Esarhaddon (680–669)
Urtaki (674–663)			
Tempt-Humban-Inshushinak (664–653)		Shamash-shum-ukin (667–648)	Assurbanipal (668–627)
Humban-nikash II			
Tammaritu (652–649)	Attahamiti-Inshushinak (653–648) in Susa		
Indabibi (649–648)			
Humban-haltash III (648–642?)			
		Nabopolassar (625–605)	

Bildende und darstellende Kunst
Eine chronologische Zusammenstellung

Im Gebiet Ganj Darreh in Zentral-Lorestan (Abb. 2) befindet sich eine der wichtigsten Sammlungen der Tonobjekte aus dem Neolithikum (173). Während der akeramischen Phase des Neolithikums, als die Menschen noch zeitweilig in Lagern wohnten und ihren Lebensunterhalt als Jäger und Sammler bestritten sowie von der Landwirtschaft, die sich noch am Beginn ihrer Entwicklung befand, wurde Lehm bereits zur Herstellung von Objekten verwendet. In dieser Zeit wurden menschliche Figürchen in Ganj-Darreh und Ali-Kosh produziert. Diese Objekte aus Lehm sind leicht gebacken und stammen aus der Wendezeit vom achten zum siebten Millennium v. Chr. (174).

Die in Ali-Kosh entdeckten Figürchen aus ca. Mitte des siebten Millenniums v. Chr. scheinen alle aus einem Schutthaufen in der Nähe von eingestürzten Mauern zu stammen. In einem Gebäude aus dem späten siebten und dem frühen sechsten Millennium v. Chr. in Saghe (Nord-Iran), dessen Wände rot bemalt waren und das anscheinend als religiöses Zentrum benutzt wurde, sind kleine menschliche Figuren aus der zweiten Hälfte des sechsten Millenniums entdeckt worden. Die Figuren aus Lehm waren teilweise leicht gebrannt (175, 174).

Die älteste bemalte Statuette in Iran wurde in Haji Firuz im Nordwesten des Landes gefunden. Sie könnte aus der Zeit um Mitte des sechsten Millenniums v. Chr. stammen (176).

Den Bewohnern der kleineren Siedlungen im elamischen Flachland gelang es um 5000 v. Chr., zunächst grobe, unbemalte Töpfe herzustellen. Bald darauf folgte die Herstellung von Töpfen, die mit Dekorationen versehen waren. Von nun an verbreitete sich die Kultur der Töpferei rasch im damaligen Gebiet des Alten Orients.

Eine in Tepe Djowi in der Nähe von Susa ausgegrabene Schale mit geschwungener Seitenwand vom Ende des fünften Jahrtausends (Abb. 25) ist auf der Innenseite schwarz-violett bemalt und weist einen Durchmesser von 37 cm und eine Höhe von 11 cm auf. Die Form und die Dekoration der Schale lassen eine Verwandtschaft mit Erzeugnissen aus Mesopotamien vermuten; die Ausgrabungen in Ali-Kosh, 100 Kilometer nordwestlich von Susa, zeigen jedoch, dass die Keramikindustrie dort, viel älter war als die in Mesopotamien (177).

In der Literatur wird die Originalität der elamischen Kunst besonders hervorgehoben. Bedeutungsvoll und von eigenartigem Gepräge ist die Hinterlassenschaft der Elamer auf dem Gebiet der bildenden Kunst. Bereits bei den Ausgrabungen in Susa zum Vorschein gekommene protoelamische Kultur, die dem vierten Jahrtausend (Susa I) angehört, überrascht durch eine hochstehende Keramik (10). Das Besondere, Unverwechselbare der Susa-I-Keramik sind laut W. Hinz (178) nicht allein Stoff und Form der Gefäße, sondern ihr vorzüglicher figürlicher Schmuck. Den Schöpfern der Keramikvasen gelang es nämlich, bei der Bemalung dieser Gegenstände etwas zugleich gegenständlich und abstrakt darzustellen. Auf den Gefäßen finden sich Tierfiguren, die höchst lebendig und lebenstreu wiedergegeben und dabei vollkommen stilisiert sind. Es gelang also den Elamern, so der Autor, im Grunde Unvereinbares überraschend zu vereinen.

Ein viel gerühmtes Beispiel für Susa-I-Keramik ist ihm zufolge der heute im Louvre befindliche Becher aus dem vierten Jahrtausend (Abb. 26). Edith Porada beschreibt dieses Meisterwerk wie folgt (179): »Hauptfigur ist ein Steinbock, dessen Körper aus zwei zusammenhängenden Dreiecken mit gebogenen Seitenlinien geformt ist. Die Biegung des Rückens setzt sich im herrlichen Schwung der Hörner fort; diese umrahmen einen unerklärbaren runden Gegenstand, der eine mittlere Reihe von Linien aufweist und auf beiden Seiten kreuzschraffierte Segmente zeigt. Vielleicht soll dieses Element nur den leeren Raum füllen, vielleicht aber muss es als eine verkürzte symbolische Darstellung einer Pflanze, auf einer Weide, gedeutet werden. Die Steinböcke – auf jeder Seite einer – werden von einem Rahmen umgeben, der sich nach unten verengt und auf diese Weise die Form des Gefäßes betont. Über dem Rahmen ist eine Reihe Gazellen-Hunde angebracht, deren ausgestreckte Körper wieder die Rundung des Bechers betonen, ebenso wie die dunklen Bänder, die jeden waagrechten Streifen oben und unten begleiten. Der obere Rand ist von Vögeln mit langen, dünnen Hälsen besetzt, die ein sehr zartes und leichtes Ornament bilden, während unten ein dickes Band schwarzer Farbe der Standfläche Festigkeit verleiht. Unsere Beschreibung aber kann nur die Elemente der Verzierung des Gefäßes aufzählen; sie kann in keiner Weise das außergewöhnliche Gefühl für ein Gleichgewicht der Formen wiedergeben, das in jeder Einzelheit ausgedrückt ist.«

Die Verfasserin hebt die dekorative Erfindungskraft der elamischen Töpfer hervor und bemerkt: »Ihr Gefühl für Form und Gleichgewicht, die Sicherheit, mit der sie ihre Linien und Formen ausführten, verwandelten den billigen Ton in wertvolle Werke der Kunst.«

Charakteristisch und bedeutsam sind außerdem die Erzeugnisse der elamischen Kleinkunst. Ein Beispiel dieser Gattung ist das in Abbildung 27 gezeigte Gebirgsschaf aus Ton aus der Mitte des vierten Jahrtausends mit einer Länge von 8,6 cm und einer Höhe von 5,8 cm. Das Gebirgsschaf galt, neben der Schlange, in Elam als hochheilig, sie wurden häufig auf Vasen dargestellt.

In der zweiten Hälfte des vierten Jahrtausends nimmt das Kunsthandwerk in Susa einen wichtigen Platz auf dem Gebiet der Töpferei, Weberei und Metallverarbeitung ein.

Eine ganze Serie von Schmuck in Gold, Silber, Kupfer und Lasurstein zeigt die hohe Kunst der Handwerker bei der Herstellung der Juwelen.

Die Hingabe, die die Susianer bei der Verarbeitung von Materialen zeigten, um diese zur Perfektion zu bringen, könnte laut P. Amiet (181) eine besondere Bedeutung haben: Es demonstriert das Wirken eines freien Volkes, das stolz ist auf seine Rolle als Schöpfer der wahrhaftigen Zivilisation, vergleichbar dem Bürger der griechischen Polis.

Ein weiteres Meisterwerk aus dem späten vierten Jahrtausend ist der in Chogha Mish, 30 Kilometer östlich von Susa, ausgegrabene Becher aus Bitumenstein (Abb. 28). Diese Stadt besaß in der Zeit um 3500–3000 v. Chr. die gleiche Einwohnerdichte wie Susa (182).

In der Gegend von Chogha Mish wurde Bitumenstein bereits um 6000 v. Chr. von Handwerkern zur Herstellung von Schalen verwendet (183).

Die ausgeprägte Fantasie und rege Vorstellungskraft der frühen Elamer zeugte mit Vorliebe fabelhafte Mischwesen und absonderliche Ungeheuer. Ein solches Mischwesen ist der Greif, ein Löwe mit Flügeln, dessen Vorderfüße von einem Raubvogel stammen. Der Greif ist laut W. Hinz ein echtes Geschöpf Elams (178).

Die rasche Entwicklung der Landbevölkerung Ende des vierten Jahrtausends brachte in Elam große Veränderungen mit sich. Während die Städte von neuen Siedlern, einer Art Land-Proletariat, überschwemmt wurden, verblieb eine Elite, die sich den neuen Umständen anpasste und gehobene Arbeiten wie Priesterschaft und Verwaltung übernahm.

Bezüglich der Kulturentwicklung ist zu konstatieren (184):

a) eine von Mesopotamien beeinflusste Kultur für die Masse der Bevölkerung und

b) eine rein elamische Kultur, was die Elite anbetrifft.

In dieser Epoche entstehen die Kunstrichtungen Gravur auf Siegel und die Bildhauerei. Als Siegel wurden gravierte Steine verwendet. Sie wurden auf Tonklumpen abgedrückt, die als Verschluss über die Öffnung eines Gefäßes gepresst wurden, um dessen Inhalt vor fremden Eingriffen zu schützen. Als Siegelsteine verwendete man u. a. Marmor und Kalksteine.

Die Stempelsiegel wurden später von zylinderförmigen Siegelrollen verdrängt. Die Siegelzylinder wurden außer auf Tonklumpen auch auf kissenförmigen Tontafeln abgerollt, in die man auch die frühesten Schriftzeichen eingedrückt findet. Der Ton erhärtete und die Tafel wurde ein fast unzerstörbares Dokument, auf dem der Siegelabdruck der Bedeutung einer Unterschrift nahe kam.

Für die frühe Stadtkultur von Susa sind Siegelzylinder und ihre Abdrücke auf Tontafeln und Tonklumpen das einzige ergiebige Material, um einige Kenntnisse über die Kunst und Kultur dieser Zeit zu erlangen (179). Die Abbildung 7 (Zeichnung eines Siegelabdrucks aus der zweiten Hälfte des vierten Jahrtausends) zeigt aller Wahrscheinlichkeit nach den auf einer Hochterrasse errichteten Haupttempel von Susa (s. Kapitel »Religion«).

Häufiger anzutreffen sind auch Kunstwerke in Elams eigenem kubistischen Stil. Die Abbildung 29 aus der Zeit um 3300 v. Chr. zeigt die Statue eines Betenden, die im einfachen kubistischen Stil hergestellt wurde. Die Gläubigen stellten ihre Bildnisse in den Tempel, um ihr Gebet zu verewigen (185).

Am Beginn des dritten Jahrtausends erscheinen in Elam Motive, in denen Tiere die Tätigkeiten von Menschen nachahmen. Sie deuten auf eine Neuorientierung der Mythologie und die Verehrung der ursprünglichen, weniger personifizierten Kräfte hin. Eine aus mehreren Metallteilen hergestellte Skulptur zeigt einen Löwen, der in menschlicher Pose seine Kraft demonstriert (Abb. 30). In einigen Motiven werden Tiere als Garanten für die Stabilität und das Gleichgewicht der Welt dargestellt. In einem Motiv lehnen sich Löwen mit ihren ausgebreiteten Schultern gegen die Berge an, um deren Zusammensturz zu verhindern. In einem anderen Motiv triumphiert einmal der Löwe über den Stier und dann bekommt der Löwe Prügelschläge vom Stier (186).

Ein Motiv aus der Zeit um 2900 v. Chr. zeigt die wiederholte Ablösung zweier Motive: In einem bändigt ein Stier zwei Löwen und im anderen bezwingt ein Löwe zwei Stiere. Es geht um den wiederkehrenden Rhythmus der Gesetze des Universums. P. Amiet sieht darin die sinnbildliche Darstellung eines wohlausgewogenen Weltumlaufes. Man kann beispielsweise, so W. Hinz, an Sommer und Winter denken, die sich, den beiden Tier-Aspekten zugeordnet, in dauerndem Wechsel ablösen. Was bleibt, so der Verfasser, ist der Eindruck eines dramatischen Gleichgewichtes gegensätzlicher Gewalten (187).

Eine weitere eigenständige Leistung elamischen Kunstschaffens, zu Beginn des dritten Jahrtausends, sind die meisterhaft ausgearbeiteten kleinen Erzeugnisse aus weißem Marmor und Alabaster. Im Laufe dieses Jahrtausends kehrte Elam zu seiner alten Tradition der bunten Keramik zurück. Auf einem großen Krug aus der ersten Hälfte des dritten Jahrtausends wird ein Wagen auf vier Rädern gezeigt, der von einem Stier bespannt ist (188).

Aus der Epoche um 2700 v. Chr. stammen Weihtafeln aus Alabaster, auf denen Gläubige beim heiligen Festmahl dargestellt werden. Die Abbildung 31 zeigt eine derartige Zeremonie, bei der eine Frau eine Harfe in der rechten und einen Becher in der linken Hand hält.

Später zeigen sich die Elamer als demütige Diener mit einem Opfertier im Schoß, sie präsentieren sich somit weniger als Tischgenossen beim Festmahl und mehr als Diener (189). Das bereits im Kapitel »Religion« erwähnte Standbild (Abb. 10) aus dem Jahre 2500 v. Chr. aus Alabaster (Höhe 42 cm, Breite 18 cm) zeigt zum ersten Mal einen Opferträger mit einem Geißlein im Schoß.

Die Ausgrabungen in Susa zeigen eine eigenständige Entwicklung der traditionellen Metallverarbeitung während der Übergangszeit vom dritten zum zweiten vorchristlichen Jahrtausend (190). Hierzu gehört der mit zwei Vogelköpfen versehene Hammer aus Bronze aus dem Jahre 2100 v. Chr. (Abb. 32).

Das Schmelzen und Bearbeiten von Kupfer fand bereits im fünften vorchristlichen Jahrtausend in Tell-i-Iblis im Südosten Irans statt (191).

Echt elamisch sind laut P. Amiet (192) prunkvolle Vasen aus bituminösem Kalkstein aus dem Beginn des zweiten Jahrtausends v. Chr., die mit Skulpturen versehen sind. Die Abbildung 33 zeigt eine Schale aus Bitumen, deren

Füße drei Steinböcke darstellen. Die Künstler, die diese Objekte herstellten, waren laut Verfasser in erster Linie Bildhauer.

Die im Kapitel »Elamische Geschichte« erwähnte Statue aus Susa von Napir-asu (Abb. 19), der Gemahlin von König Untash-Napirisha, aus dem dreizehnten Jahrhundert v. Chr. ist das unübertroffene Meisterwerk elamischer Bronzegießtechnik (187). Die zunächst in Wachs geformte Statue (in Lebensgröße) ist in zwei Hälften gegossen und danach sorgfältig zusammengefügt. Die Statue wiegt, obwohl jetzt der Kopf und der linke Arm fehlen, immer noch 1750 Kilogramm und erweist auch in technischer Hinsicht die außerordentliche Meisterschaft der elamischen Bronzekünstler.

Die Haltung ihres Körpers und ihrer Hände ist so, wie die Damen der elamischen Oberschicht in dieser Epoche sich präsentierten (195). A. Parrot (193) betrachtet diese Statue als eines der außergewöhnlichsten Werke, die die Bronzekünstler aus alter Zeit hervorgebracht haben, und bezeichnet es zugleich als eine der Kostbarkeiten des Louvre-Museums. Und auch P. Amiet (194) hält dieses Werk für ein bemerkenswertes Produkt elamischer Kunst und zugleich einen Beweis für die wichtige Rolle, die diese Königin vielleicht gespielt hat.

Auch den Auftritt des Königs Untash-Napirisha in Begleitung seiner Gemahlin Napir-asu in der Abbildung 18 sieht der Verfasser als Beweis für die hohe Bedeutung, die die Frau in der elamischen Gesellschaft innehatte. Die prachtvolle Ausstattung ihres Kleides ist bezeichnend für den elamischen Geschmack in dieser Zeit. Die Statue offenbart neben einer erstaunlichen Technik einen vollendeten Geschmack; ein wertvolles Dokument über die Damentracht der Epoche (196). E. Porada beschreibt das Gewand der Königin wie folgt (197): »Ein Muster aus kleinen Ringen mit mittlerem Punkt bedeckt das Gewand des Oberkörpers. Lange Fransen verzieren den oberen, rückwärtigen Teil des Rockes und sind nach vorne geführt, wo das Gewand mit Streifen und rahmenden Zickzackmustern reich verziert ist.«

Ein weiteres Meisterwerk der elamischen Kunst aus dem dreizehnten Jahrhundert ist die in der Abbildung 34 gezeigte Statuette einer Frau in Kleinformat aus Fritte. Die Dame trägt ein elegantes Kleid, das für diese Epoche charakteristisch war. Die Eleganz der Damenkleidung und deren Stil erreichten laut A. Daems in der Sukkalmah-Epoche ihren Höhepunkt (198).

Aus der Mitte des 2. Millenniums v. Chr. stammt der gut erhaltene, in der Abbildung 35 dagestellte Kopf eines Elamers mit der typischen elamischen Frisur.

In Susa erreichte das Handwerk der Spinnerei und Weberei laut E. Dhorme (199) eine sehr hohe Perfektion, wie die genaue Untersuchung der Stoffe gezeigt hat, die für die Einhüllung einiger Beile aus Messing verwendet wurden.

Die Art der Bearbeitung wertvoller Metalle und kostbarer Steine verrät, dass, wie der Verfasser es beschreibt, eine susische Schule am Werk gewesen ist, die mit sicherem Geschmack und ausgeprägtem ästhetischen Gefühl arbeitete. Beispiele elamischer Goldschmiede- und Juwelierkunst sind die in Susa-Akropole als Grabbeigaben entdeckten Goldringe (Abb. 36) aus der Zeit um das dreizehnte bis vierzehnte Jahrhundert v. Chr., die mit feinen Zierraten geschmückt sind und technische Perfektion aufweisen.

Spezifisch elamisch sind die fein hergestellten Werke aus Silber und Gold aus dem Ende des zweiten Jahrtausends v. Chr. (200): Beispiel hierzu ist die aus Gold hergestellte Statuette eines Opferträgers mit einem Geißlein im Schoß (Abb. 37).

Ein großartiges Zeugnis elamischer Baukunst und Architektur ist der noch heute zur Hälfte erhaltene Stufenturm in Chogha Zanbil (früher Dur-Untash), der vom König Untash-Napirisha im dreizehnten Jahrhundert v. Chr. errichtet wurde. Der Grundriss des Stufenturms, dessen Ecken exakt in vier Himmelsrichtungen weisen, hat die Maße 105 x 105 Meter (Abb. 8). Der Stufenturm (Ziqqurrat) wird von einer Mauer mit sieben Toren und zwei weiteren Umwallungen umschlossen. Weiteres hierzu und über die Versorgung dieser Stadt mit Trinkwasser auf der Grundlage des Gesetzes der kommunizierenden Röhren ist dem Kapitel »Elamische Geschichte« zu entnehmen.

Weitere Beispiele der elamischen Sakralarchitektur sind laut R. Mayer (10) der vom König Shilhak-Inshushinak in Susa errichtete Tempel Inshushinaks und der Tempel der Göttin Ninhursag, ebenfalls in Susa.

Der Inshushinak-Tempel, dessen Grundmauern man an den Längsseiten noch erhalten fand, war vermutlich auf einer Plattform von ca. 40 x 40 Meter errichtet. Um dem Tempel gab es einen Graben von ca. drei Meter Tiefe. Im Tempel befanden sich, wie R. Mayer beschreibt, die in protoelamisch beschrifteten Statuen von Kutik-Inshushinak und vielerlei Schmuckstücke. Die inneren Wände des Tempels waren mit farbigen, emaillierten Ziegeln geschmückt. An beiden Seiten des Toreingangs stand ein lebensgroßer Löwe aus glasiertem Ton. Am südlichen Tempeleingang befanden sich wertvolle Gegenstände, die als Siegesbeute nach Elam gebracht worden waren:

der Kodex Hammurabi, die Siegessäule von Naram-Sin, der Obelisk von Manishtushu ...

Im Zeitraum zwischen dem Ende von Elams klassischer Zeit um 1100 v. Chr. und dem Beginn der neuelamischen Epoche um 750 v. Chr. hüllt sich die elamische Geschichte aufgrund fehlender Urkunden ins Dunkle.

Kunstwerke aus der Zeit um das neunte bis achte Jahrhundert v. Chr. geben Zeugnis über Elams künstlerisches Schaffen in dieser Zeitperiode. Hierzu gehört die aus Kupfer hergestellte Statuette eines bärtigen Mannes mit dem neben ihm sitzenden großen Hund (Abb. 38).

Aus der neuelamischen Epoche stammt das Relief des vorletzten elamischen Königs Attahamiti-Inshushinak aus der Zeit um 650 v. Chr. aus Kalkstein (Abb. 24). Es zeigt den König, wie es scheint, gegenüber einer Person sitzend, die laut P. Amiet die Königin sein könnte (159).

Die Inschrift auf dem Relief lautet (s. Kapitel »Elamische Geschichte«): »Ich, Addahamiti-Inshushinak, Sohn des Hutrantepti, Susa habe ich geliebt und das Volk von Susa habe ich geliebt; für das Volk von Susa habe ich mein Bild angebracht.«

Wertvolle Kunstschätze aus Susa wurden bei der Plünderung der Stadt durch die Assyrer weggeschleppt. Aus den Texten Assurbanipals (668 bis 627 v. Chr.) geht hervor, dass 32 Statuen aus Gold und Silber nach Assyrien weggebracht wurden (201).

Vor der Ablösung der Macht in Elam durch die Achämeniden gab es möglicherweise eine Wiedergeburt der echten elamischen Kunst, wie z. B. die beim Laufen dargestellte Gazelle in der Abbildung 39 aus der Zeit um das siebte oder sechste Jahrhundert v. Chr. zeigt (159). Später, während der Parther-Herrschaft (um 250 v. Chr.), behielt Susiana was das künstlerische Schaffen betrifft ihre regionale Eigentümlichkeit, wie die Töpferkunst aus dieser Epoche zeigt (202).

Abbildungen

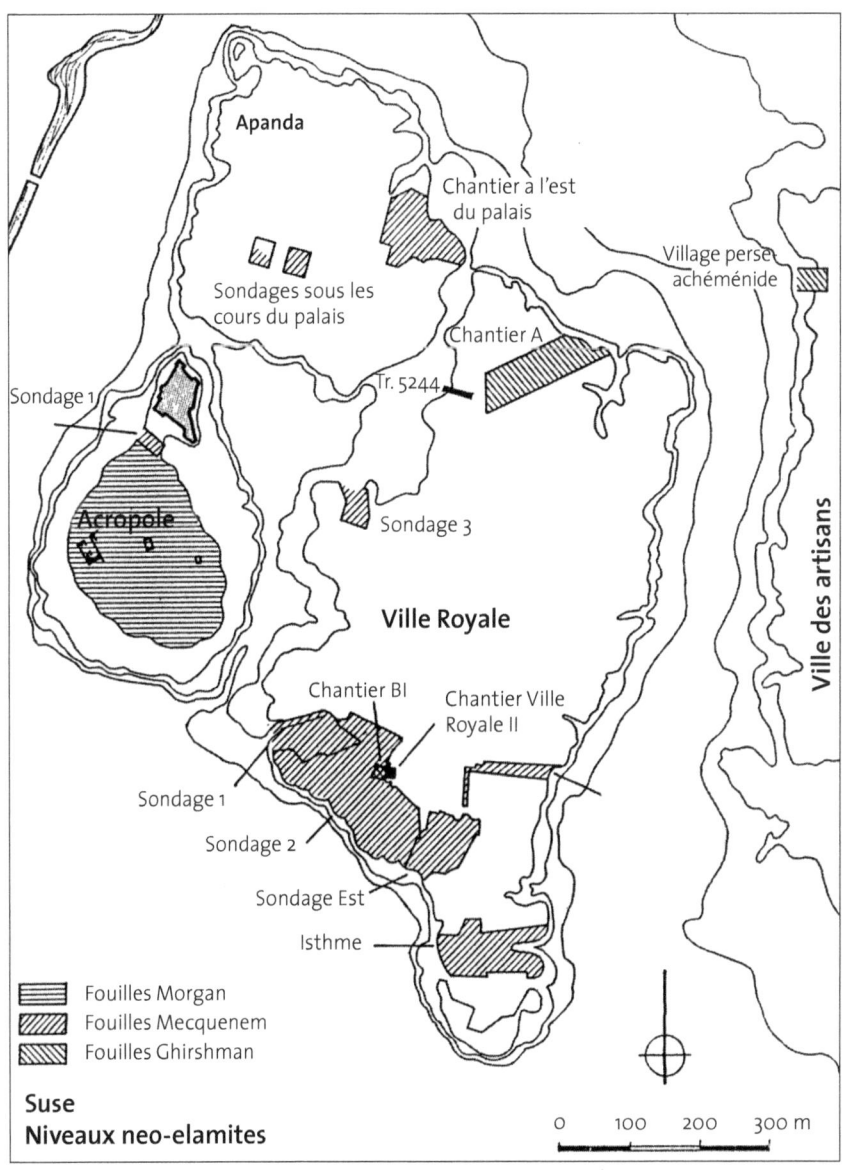

Abb. 1: Stadtplan von Susa

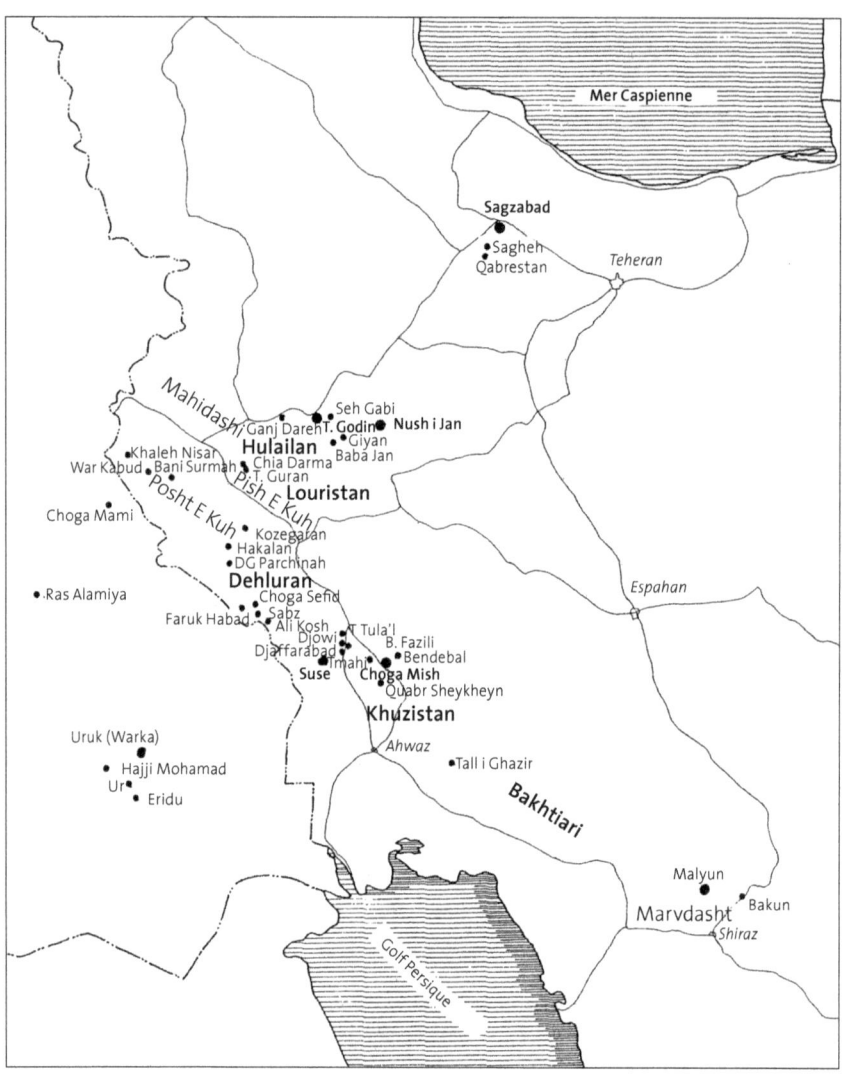

Abb. 2: Geografische Lage einiger Ausgrabungsstätten in Süd-Iran

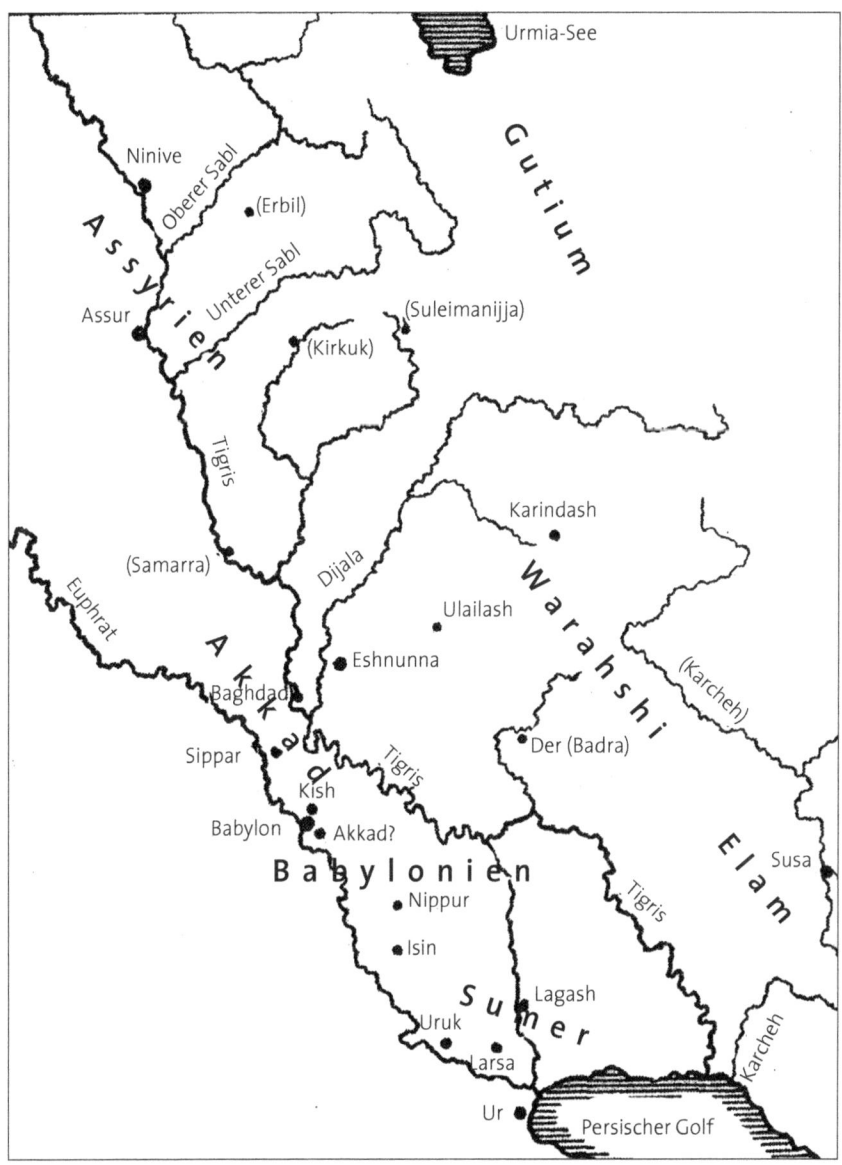

Abb. 2a: Kartenskizze zur geografischen Lage von Elam

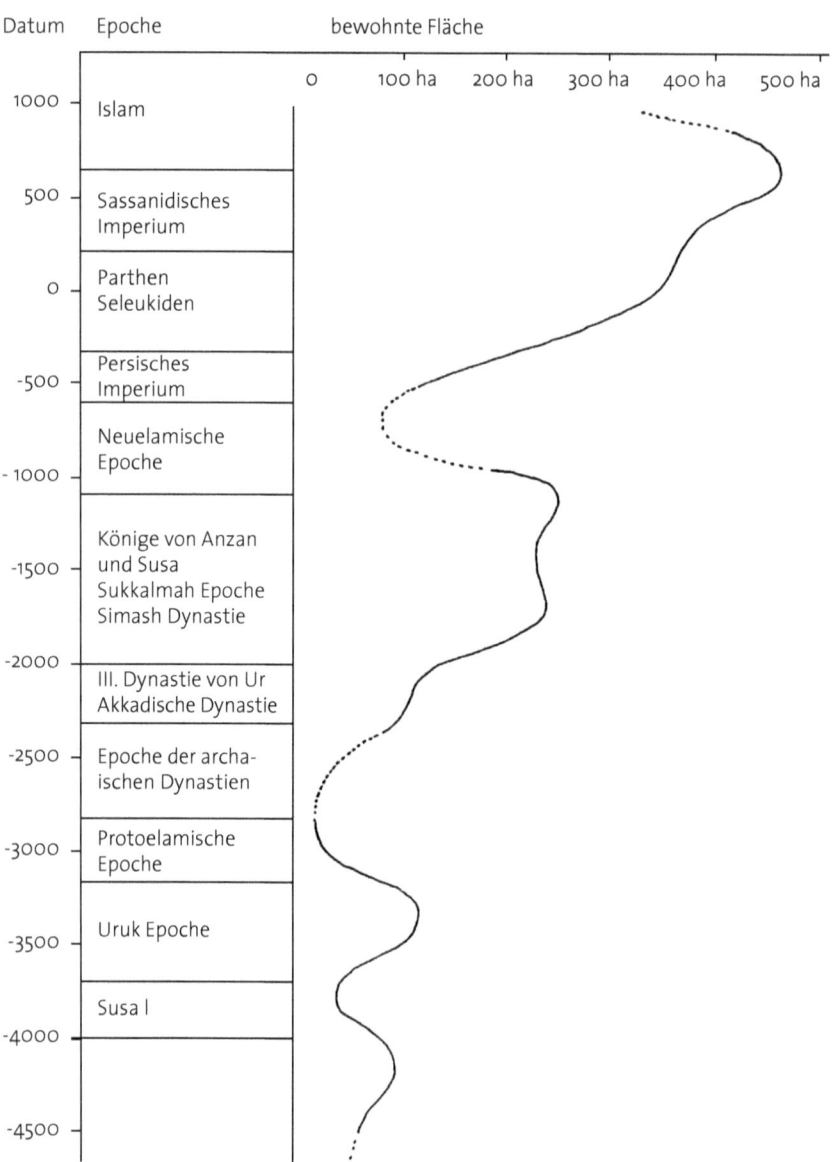

Abb. 3: Bewohnte Fläche von Susa im Verlauf der Geschichte nach T. Wright, Paleorient 11/2 (1985), S.130

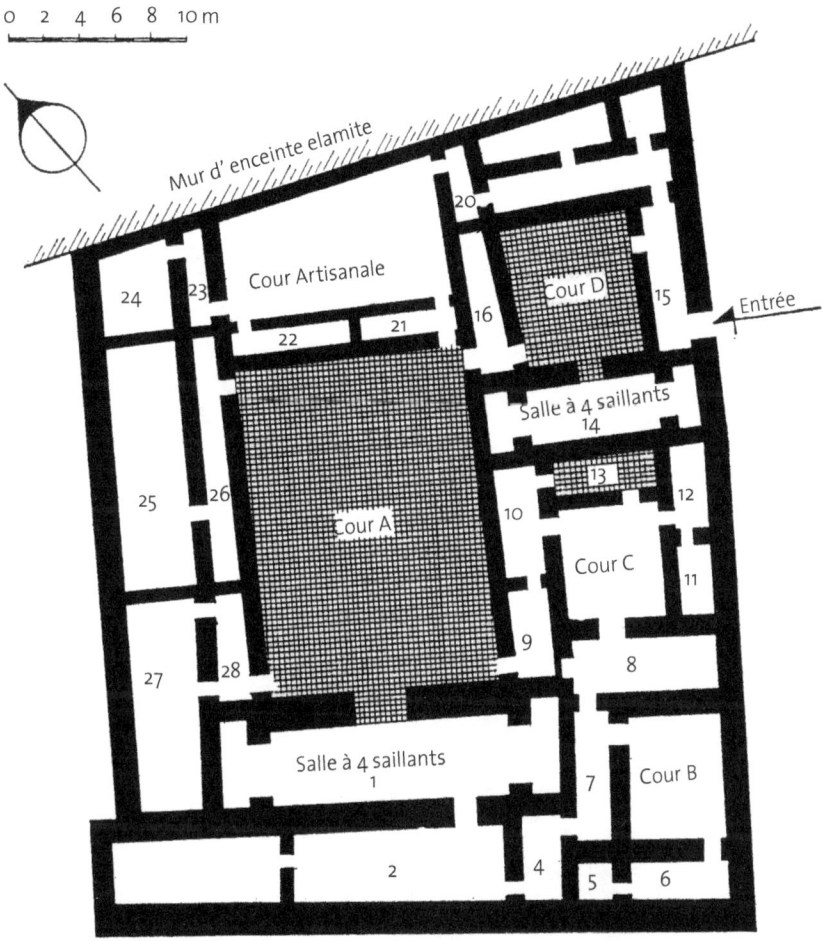

Abb. 4: Grundriss eines elamischen Wohnhauses in der Zeit der Sukkalmah-Epoche Anfang des 2. Jahrtausends v. Chr.

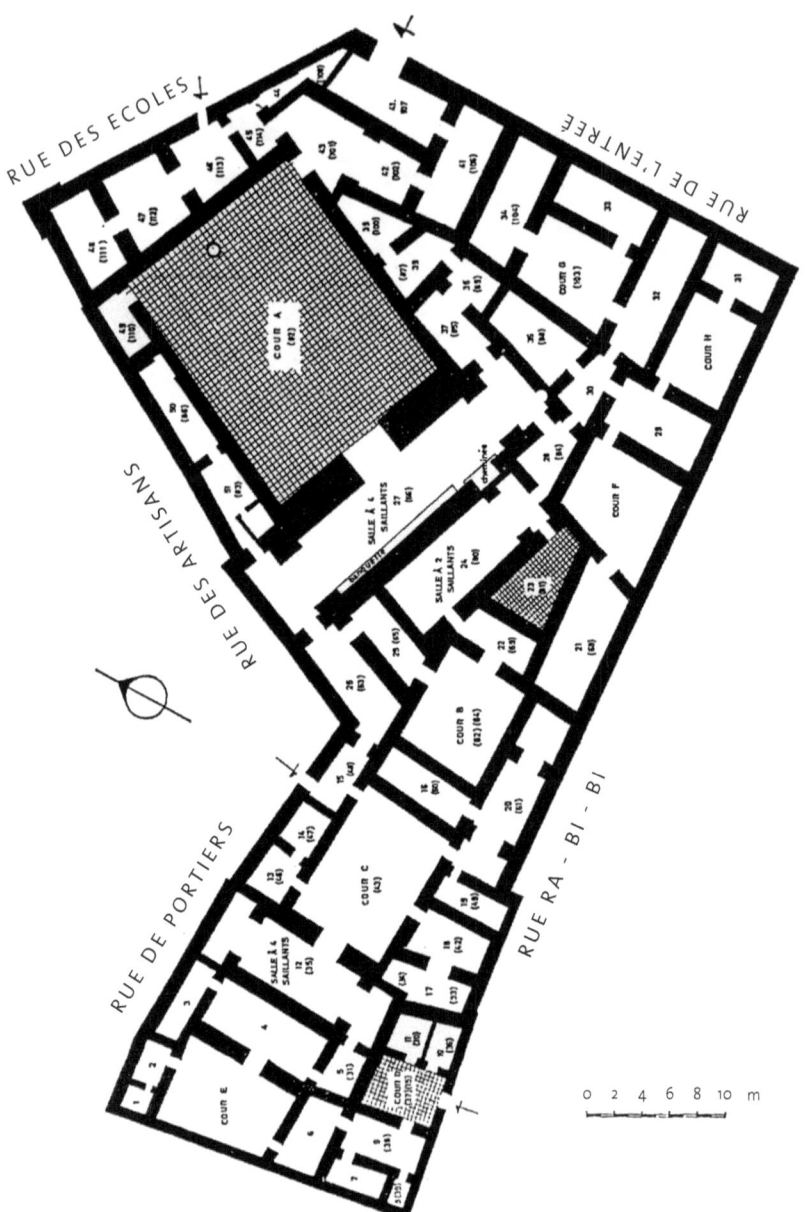

Abb. 5: Grundriss eines palastähnlichen Anwesens um 2. Jahrtausend v. Chr.

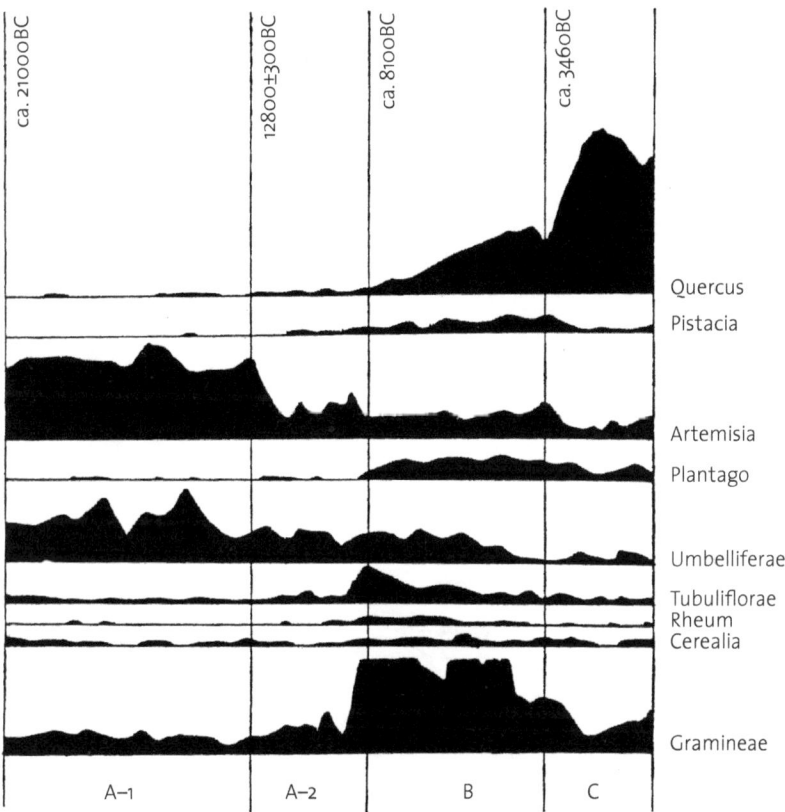

Abb. 6: Zeribar Pollen-Diagramm (nach W. Van Zeist »Late Quaternary Vegetation History of Western Iran«, Rev. Palaeobotany and Palynology 2, 1967)

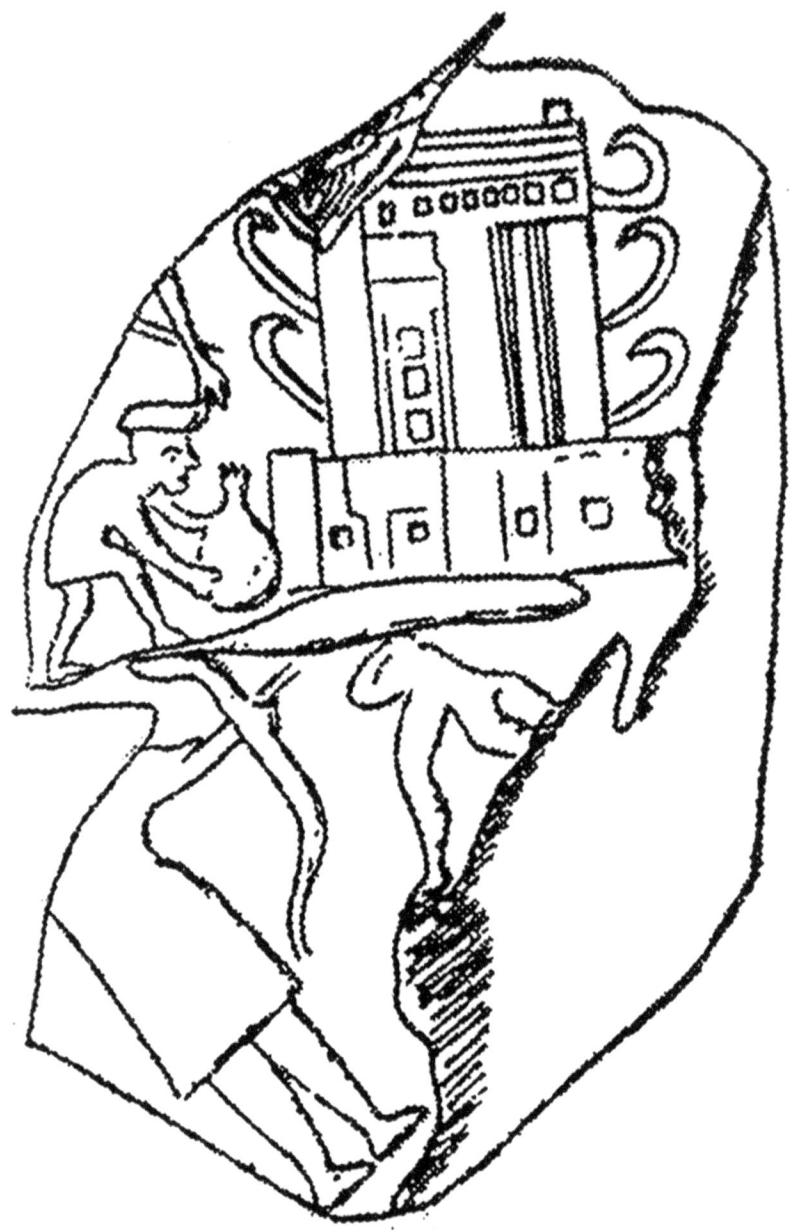

Abb. 7: Haupttempel von Susa um die 2. Hälfte des 4. Jahrtausends v. Chr., Höhe 2,5 cm – Louvre

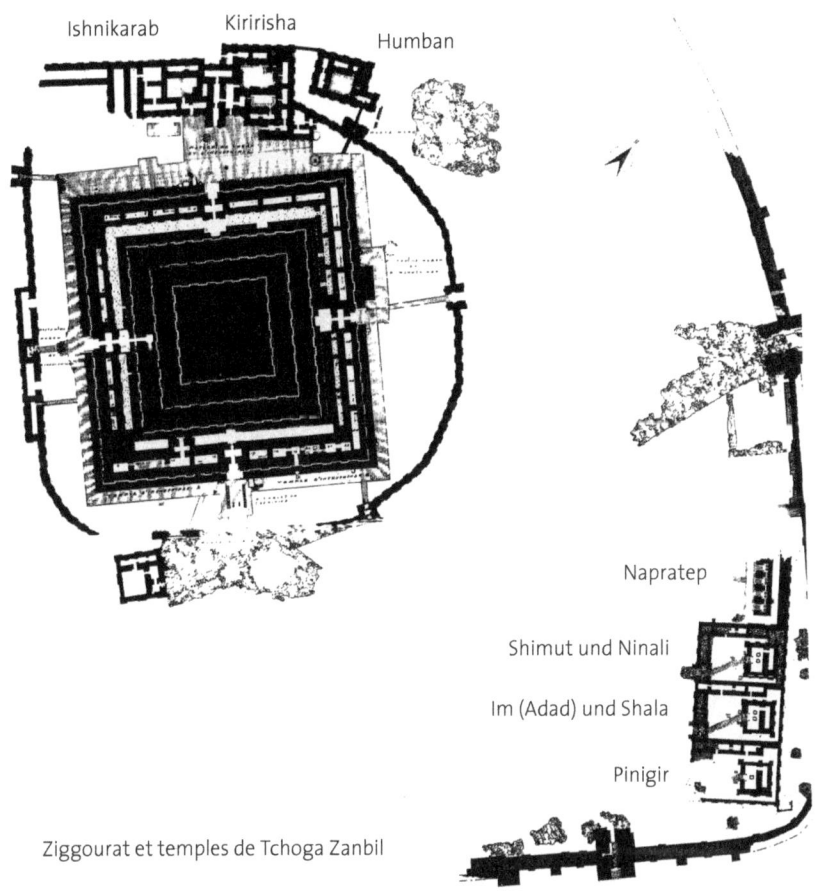

Ishnikarab   Kiririsha   Humban

Napratep

Shimut und Ninali

Im (Adad) und Shala

Pinigir

Ziggourat et temples de Tchoga Zanbil

Abb. 8: Tempelanlage von Dur-Untash (Chogha Zanbil), 40 Kilometer südlich von Susa

Abb. 9: Zeichnung über eine elamische Prozession (das ins Gestein gehauene Flachbild befindet sich in Kurangan in Fars-Provinz und stammt wahrscheinlich aus dem 8. Jahrhundert v. Chr.)

Abb. 10: Elamischer Opferträger mit Geißlein im Schoß, Alabaster, um 2500 v. Chr., Höhe 42 cm, Breite 18 cm – Louvre

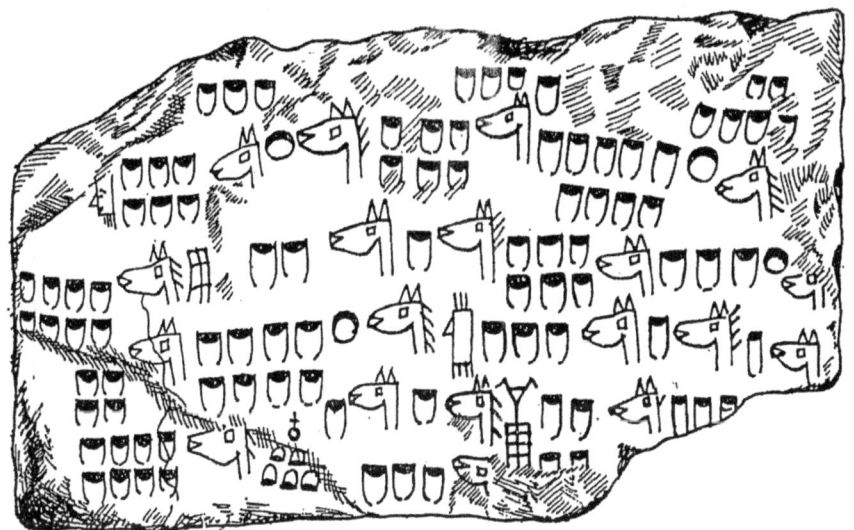

Abb. 11: Elamische Wortbilderschrift

Normal-form	Laut-wert	Sonder-form	Normal-form	Laut-wert	Sonder-form
	hi			ir?	
	hu			si	
	ka??			ša	
	ki			ši	
	ku			šu	
	ak?			iš	
	ik			ta?	
	la			te	
	li			ti	
	ma??			it??	
	me			u	
	am				
	im			hal	
	na			kik?	
	ni			kuk?	
	an	?		lik?	
	en			nap	
	in			tak?	
	un			taš?	
	pi			tik (tuk?)	
	ip?			zunk(ik / ir) »König«	
	ri			Hatamt / Elam???	
	ru	?			

Abb. 12: Elamische Zeichenliste

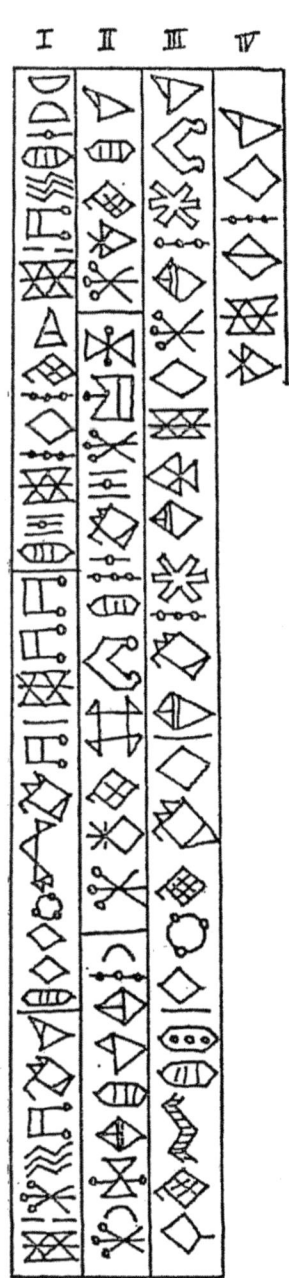

*Abb. 13: Protoelamische Strichschrift
(Inschrift von Kutik-Inshushinak)*

Abb. 14: Kutik-Inshushinak bei der Übergabe eines Torriegels an die Gottheit, Kalkstein, um 2250 v. Chr., Höhe 55 cm, Breite 39 cm – Louvre

Abb. 15: Idaddu II bei der Übergabe eines Stabes an seinen Kanzler

Abb. 16: Epart bei der Amtsbestätigung von Shilhahas Kanzler

Abb. 17: Siegelabdruck von Tepti-ahar (um 1370 v. Chr.)

Abb. 18: Die Rekonstruktion der Stele von Untash-Napi-risha, Sandstein, 13. Jahrhundert v. Chr., Höhe 260 cm, Breite 77,9 cm – Louvre

Abb. 19 und 19a: Bronzestatue von Napir-asu, Gemahlin von Untash-Napirisha, 13. Jahrhundert v. Chr., Höhe 129 cm, Breite 73 cm – Louvre

Abb. 20: Bronzetafel »Sonnenaufgang«, 12. Jahrhundert v. Chr., Maße 60 x 40 cm – Louvre

Abb. 21: Shilhak-Inshushinak bei der Übergabe einer Jaspis-Perle an seine Tochter Bar-Uli, blauer Quarzstein, Maße 4 x 3 x 1,8 cm, 13. Jahrhundert v. Chr. – British-Museum

Abb. 22: Fürst Hanni mit Gattin und Sohn*, Relief in der Schacht Shekaft-e-Salman, 8. Jahrhundert v. Chr.
* laut A. Daems: Shutruk-Nahunte mit Gattin (s. Text)

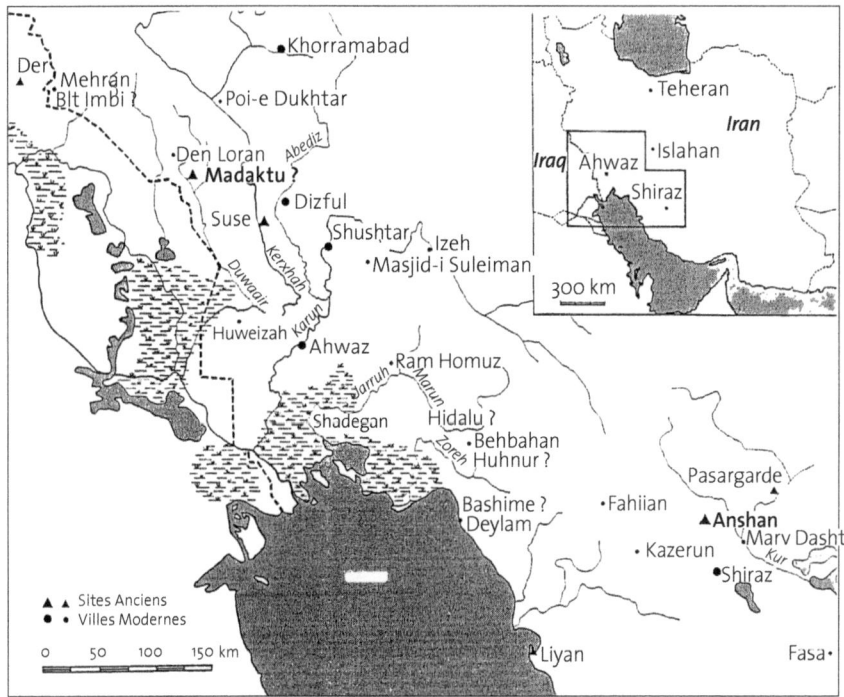

Abb. 23: Landkarte Elams mit den Hochburgen Madaktu und Hidalu

*Abb. 24: Relief des elamischen Königs Attahamiti-Inshushinak
(653–648 v. Chr.), Kalkstein, Höhe 32,7 cm, Breite 40 cm – Louvre*

Abb. 25: Tiefe Keramikschale aus Tepe Djowi, Ende des 5. Jahrtausends v. Chr., Durchmesser 37 cm, Tiefe 11 cm – Louvre

Abb. 26: Keramikbecher mit Steinböcken, Windhunden und Vögeln, Mitte des 4. Jahrtausends v. Chr., Höhe 28,5 cm, Durchmesser 16 cm – Louvre

Abb. 27: Gebirgsschaf aus Ton, Mitte des 4. Jahrtausends v. Chr., Höhe 5,8 cm, Länge 8,6 cm –
Louvre

Abb. 28: Becher mit anhängender Ziege, Bitumen, spätes 4. Jahrtausend v. Chr., Gesamthöhe 16,8 cm, Becherdurchmesser oben 6,1 cm, Boden 7,3 cm – Iranisches Zentrum für archäologische Forschung

Abb. 29: Statuette eines Betenden, Kalkstein, um 3300 v. Chr., Höhe 6,7 cm, Breite 3 cm – Louvre

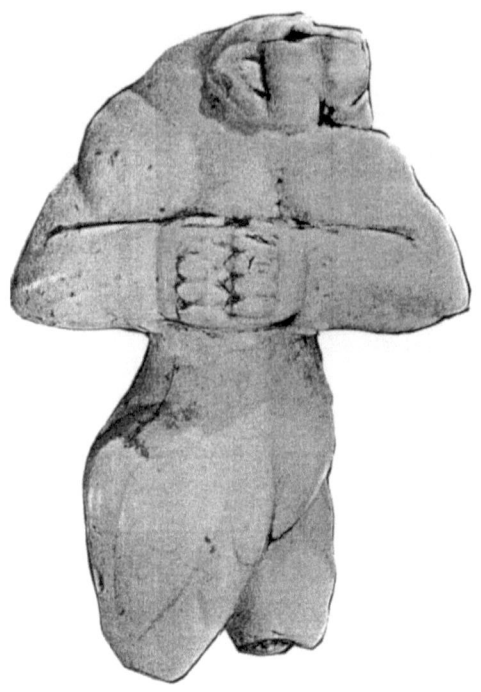

Abb. 30: Löwe in menschlicher Pose,
Magnesit elfenbeinweiß,
um 3000 v. Chr., Höhe 9 cm – Brook-
lyn Museum

Abb. 31: Festmahl mit Musiker, Alabaster, um 2700 v. Chr., Höhe 17 cm, Breite 16 cm – schematische Darstellung
– Original im Louvre

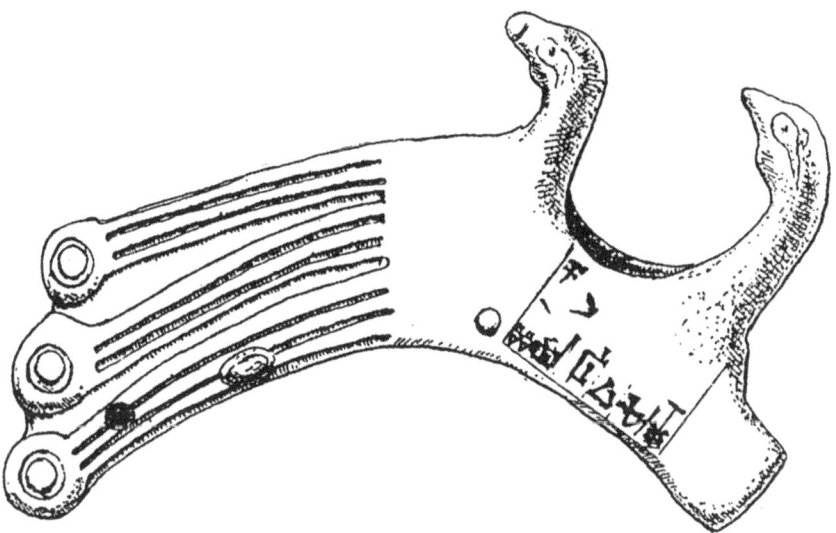

Abb. 32: Hammer mit zwei Vogelköpfen, Bronze, um 2100 v. Chr., Höhe 9,3 cm, Breite 11 cm – schematische Darstellung – Original im Louvre

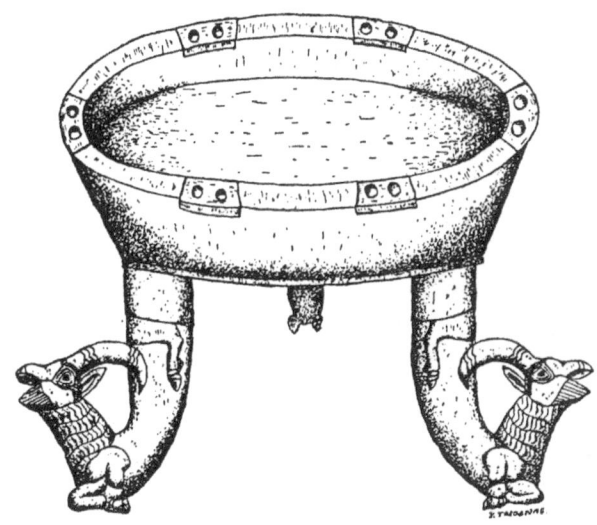

Abb. 33: Schale mit drei Füßen, Bitumen, Anfang des 2. Jahrtausends v. Chr., Höhe 28 cm, Durchmesser 18,5 cm – schematische Darstellung – Original im Louvre

Abb. 34: Statuette einer Dame, Fritte, 13. Jahrhundert v. Chr., Höhe 10,1 cm – Louvre

Abb. 35: Kopf eines Elamers mit elamischer Frisur, Ton, Mitte des 2. Jahrtausends v. Chr., Höhe 24 cm, Breite 15 cm – Louvre

Abb. 36: Goldringe, 13.–14.
Jahrhundert v. Chr. – Louvre

Abb. 37: Statuette eines elamischen Opferträgers mit einem Geißlein im Schoß – Statuette aus
Gold, Sockel aus Bronze, Ende des 2. Jahrtausends v. Chr., Höhe 7,5 cm, Breite 2,4 cm – Louvre

Abb. 38: Statuette eines bärtigen Mannes mit dem neben ihm sitzenden Hund, Kupfer, 9. bis 8. Jahrhundert v. Chr., Höhe 20,7 cm, Breite 4,9 cm – Louvre

Abb. 39: Laufende Gazelle, grüner Schiefer, 7. oder 6. Jahrhundert v. Chr., Höhe 13,3 cm, Breite 15 cm – Louvre

Quellenverzeichnis

1. Christian, V.: »Elam«, Reallexikon der Assyriologie und vorderasiatischen Archäologie (RIA) 2 (1938), S. 329–330
2. Dollfus, G.: »Djaffarabad, Djowi, Bendebal: Contribution à l'étude de la Susiane au Ve millénaire et au début du IVe millénaire«, Paléorient, 4 (1978), S. 141–167
3. Schacht, R. M.: »A Preliminary Report on the Excavations at Tepe Sharafabad, 1971«, Journal of Field Archaeology 2 (1975), S. 307
4. Amiet, P.: »Suse, 6000 ans d'histoire«, Éditions de la Réunion des musées nationaux. Paris (1988), S. 15–27 und 54; Amiet, P.: »Elam«, Archée Éditeur Auvers-sur-Oise, Frankreich (1966), S. 30; Carter, E. und Stolper, M. W.: »Elam, Survey of Political History and Archaeology«, University of California Publications, Near Eastern Studies No. 25 Berkeley, Los Angeles, London (1984), S. 108–111
5. Hole, F. und Flannery, K. V.: »Excavation at Ali Kosh, Iran, 1961«, Iranica Antiqua 2 (1962), S. 98
6. Curtis, J.: »William Kennet Loftus and his Excavations at Susa«, Iranica Antiqua 28 (1993), S. 1
7. König, F. W.: »Die elamischen Königsinschriften«, Graz (1965), S. 37
8. Hinz, W.: »Das Reich Elam«, Stuttgart (1964), S. 9–18
9. Christian, V.: »Elam«, Reallexikon der Assyriologie und vorderasiatischen Archäologie 2 (1938), S. 338–339
10. Mayer, R.: »Die Bedeutung Elams in der Geschichte des Alten Orients«, Saeculum 7 (1956), S. 198–220
11. Hinz, W.: »Das Reich Elam« (s. o.) S. 34, 39, 42, 43, 49
12. Hinz, W.: ebenso, S. 20, 22
13. Daems, A.: »The Chronology of Pre-islamic Woman in Iran«, Iranica Antiqua 36 (2001), S. 26, 65
14. Cuq, É.: »Les actes juridiques Susiens«, Revue d'Assyriologie et d'Archéologie orientale 29 (1932) Nr. 4, S. 178
15. Stolper, M. W.: »Elam, Survey of Political History and Archaeology«, herausgegeben von Carter, E. und Stolper, M. W., University of California Publications, Near Eastern Studies No. 25 Berkeley, Los Angeles, London (1984), S. 10–11
16. Ghirshman, R.: »L'architecture élamite et ses traditions«, Iranica Antiqua 5 (1965), S. 93–102
17. Pullar, J.: »Early Cultivation in the Zagros«, Iran – Journal of the British Institut of Persian Studies 15 (1977), S. 15–27
18. Miroschedji, P. de: »La fin de l'Élam: Essai d'analyse et d'interprétation«, Iranica Antiqua 25 (1990), S. 82, 86

19. Neumann, J. und Parpola, S.: »Climatic Change and the Eleventh-Tenth Century Eclipse of Assyria and Babylonia«, Journal of Near Eastern Studies 46/3 (1987), S. 161–182

20. Amiet, P.: »Elam«, Archée Éditeur Auvers-sur-Oise, Frankreich (1966), S. 49

21. Hinz, W.: »Das Reich Elam« (s. o.) S. 35–36

22. Amiet, P.: »Elam« (s. o.) S. 214

23. Potts, D. T.: »Notes on some Horned Buildings in Iran, Mesopotamia and Arabia«, Revue d'Assyriologie et d'Archéologie orientale 84 (1990), S. 40

24. König, F. W.: »Die elamischen Königsinschriften« (s. o.) S. 108, § 22–23 und § 26

25. König, F. W.: ebenso, S. 146, 71 A+B I–IV

26. König, F. W.: ebenso, S. 53, 9 IVe: III

27. König, F. W.: ebenso, S. 105, 46 § 14

28. König, F. W.: ebenso, S. 68, 14 und 14a

29. König, F. W.: ebenso, S. 54, 9 Vb

30. Hinz, W.: »Das Reich Elam« (s. o.) S. 43

31. Porada, E.: »More Seals of the Time of the Sukkalmah«, Revue d'Assyriologie et d'Archéologie orientale 84 (1990), S. 172

32. Amiet, P.: »Elam« (s. o.) S. 190

33. Hinz, W.: »Das Reich Elam« (s. o.) S. 50

34. De Graef, K.: »Les textes de v récent du chantier B à Suse (fin Sukkalmah – ca. 1575–1530 av. notre ère)«, Iranica Antiqua 42 (2007), S. 46–47

35. König, F. W.: »Die elamischen Königsinschriften« (s. o.) S. 32

36. Hinz, W.: »Das Reich Elam« (s. o.) S. 54–55

37. Amiet, P.: »Elam« (s. o.) S. 367

38. Cuq, É.: »Les actes Juridiques Susiens«, Revue d'Assyriologie et d'Archéologie orientale 28 (1931) Nr. 2, S. 48–66

39. Cuq, É.: »Le droit Élamite d'après les actes Juridiques des Suse«, Revue d'Assyriologie et d'Archéologie orientale 29 (1932) Nr. 4, S. 149–182

40. Klima, J.: »Untersuchungen zum elamischen Erbrecht«, Archiv Orientalni 28 (1960), S. 18, 27

41. Openheim, L.: »Der Eid in den Rechtsurkunden aus Susa«, Wiener Zeitschrift für die Kunde des Morgenlandes 43 (1936), S. 243, 249, 257

42. Hinz, W.: »Das Reich Elam« (s. o.) S. 84–91

43. Koschacker, P.: »Göttliches und weltliches Recht nach den Urkunden aus Susa. Zugleich ein Beitrag zu ihrer Chronologie«, Orientalia NS 4 (1935), S. 62

44. König, F. W.: »Mutterrecht und Thronfolge im alten Elam«, Festschrift der Nationalbibliothek in Wien, Wien (1926), S. 535–537

45. König, F. W.: »Geschichte Elams«, J. C. Heinrichssche Buchhandlung, (1931) S. 29–30

46. Hinz, W.: »Das Reich Elam« (s. o.) S. 72–76; Stolper, M. W.: »Elam Survey of Political History and Archaeology« (s. o.) S. 24–25, 27

47. Von Soden, W.: »Der Nahe Osten im Altertum«, Propyläen-Weltgeschichte, Frankfurt a. M./Wien/Berlin 2 (1962), S. 107–109
48. Lambert, M.: »Littérature élamite«, Histoire generale des littératures Tome I, Librairie Aristide Quillet, Paris (1961), S. 37–38, 40
49. Hüssing, G.: »Die elamische Sprachforschung« in Memnon (Zeitschrift für die Kunst- und Kulturgeschichte des Alten Orients) Berlin, Band 2 (1910), S. 5, 28
50. Reiner, E.: »The Elamite Language«, Handbuch der Orientalistik, Altasiatische Sprachen, Leiden/Köln (1969), S. 71
51. Weißbach, F. H.: »Die Keilinschriften der Achämeniden«, Vorderasiatische Bibliothek III, Leipzig (1911), S. 39
52. Bleisteiner, R.: »Die Kaukasische Sprachgruppe«, Anthropos, Band 32 (1937), S. 65, 67, 71–72
53. Hinz, W.: »Das Reich Elam« (s. o.) S. 32–34
54. Labat, R.: »Structure de la langue élamite: état présent de la question«, Conférences de l'institut de linguistique de l'université de Paris, Années 1950–1951, S. 23–42
55. Kluge. Th.: »Das Elamische: Ein Versuch zu einer sprachlichen Eingliederung«, Le museon d'etudes orientales Tome XLVI (1933), S. 121–125, 155–156
56. Hinz, W. und Koch, H.: »Elamisches Wörterbuch, Teil I«, Dietrich Reimer Verlag, Berlin (1987), S. 9
57. Stolper, M. W.: »Elam, Survey of Political History and Archaeology« (s. o.) S. 5–8
58. Hinz, W.: »Zur Entzifferung der elamischen Strichschrift«, Iranica Antiqua 2 (1962), S. 2
59. Hinz, W.: »Das Reich Elam« (s. o.) S. 102–103
60. Cameron, G. G.: »History of Early Iran«, Chicago 1936, S. 22–23
61. Jacobson, Th.: »The Sumerian King List«, The Oriental Institute of the University of Chicago. Assyriological Studies No. 11, 1939, The University of Chicago Press. Chicago, Illinois, S. 69–128
62. Hinz, W.: »Das Reich Elam« (s. o.) S. 58, 61–62
63. Dhorme, P.: »L'aurore de l'histoire babylonienne«, Revue Biblique 35 (1926), S. 76–77
64. Poebel, A.: »Historical Texts«, Publications of the Babylonian Sections, University Museum, University of Pennsylvania 4, Part 1, Philadelphia, 1914
65. Stolper, M. W.: »Elam, Survey of Political History and Archaeology« (s. o.) S. 3
66. Kammerhuber, A.: »Eine verkannte Überlieferungslücke in der sumerischen Königsliste«, Orientalia Nova Series 48 (1979), Tabelle 4
67. Scheil, V.: »Dynasties élamites d'Awan et Simas«, Revue d'Assyriologie et d'Archéologie 28 (1931), S. 1–8
68. Stolper, M. W.: »Elam, Survey of Political History and Archaeology« (s. o.) S. 13, 14, 16

69. Cameron, G. G.: »History of Early Iran« (s. o.) S. 33

70. Hinz, W.: »Das Reich Elam« (s. o.) S. 63, 65–67

71. Falkenstein, A.: »Gudea«, Reallexikon der Assyriologie und vorderasiatischen Archäologie 3/9 (1971), S. 678

72. Falkenstein. A.: »Die Inschriften Gudeas von Lagash I: Einleitung«, Analecta Orientalia 30, Rom (1966), S. 49 f.

73. Langdon, S.: »Oxford Editions of Cuneiform Texts«, Oxford University Press 2 (1923), S. 17

74. Langdon, S.: ebenso, S. 25

75. Jacobson, Th.: »The Sumerian King List« (s. o.) S. 206

76. Stolper, M. W.: »Elam, Survey of Political History and Archaeology« (s. o.) S. 20

77. Cameron, G. G.: »History of Early Iran« (s. o.) S. 48, 50

78. Hinz, W.: »Das Reich Elam« (s. o.) S. 68, 70, 72

79. Sollberger, E.: »Ibbi-Suen«, Reallexikon der Assyriologie und vorderasiatischen Archäologie 5/1–2 (1976), S. 6

80. Cameron, G. G.: »History of Early Iran« (s. o.) S. 62–63

81. Stolper, M. W.: »Elam, Survey of Political History and Archaeology« (s. o.) S. 22

82. Edzard, D. O.: »Ishbi-Erra«, Reallexikon der Assyriologie und vorderasiatischen Archäologie 5/3–4 (1977), S. 174

83. Sollberger, E. und Kupper, J.-R.: »Inscriptions royales sumériennes et akkadiennes. Littératures anciennes du proche-orient 3«, Paris (1971), S. 172

84. Kienast, B.: »Zu einigen Datenformeln aus der früheren Isinzeit«, Journal of Cuneiform Studies 19 (1965), S. 45–55

85. Van Dijk, J.: »Isbi érra, Kindattu, l'homme d'Élam, et la chute de la ville d'Ur«, Journal of Cuneiform Studies 30 (1978), S. 197

86. Scheil, V.: »Textes élamite-sémitiques, quatrième serie«, Mémoires de la Délégation en Perse 10, Paris (1908), S. 124

87. Hinz, W.: »Persia, c. 2400–1800 B.C.«, The Cambridge Ancient History, 3rd rev. ed. Cambridge 1/2 (1971), S. 661

88. Kraus, F. R.: »Nippur und Isin nach altbabylonischen Rechtsurkunden«, Journal of Cuneiform Studies 3 (1951), S. 20

89. Hinz, W.: »Das Reich Elam« (s. o.) S. 76–77

90. Stolper, M. W.: »Elam, Survey of Political History and Archaeology« (s. o.) S. 24, 26, 27, 29

91. Lambert, W. G.: »Near Eastern Seals in the Gulbenkian Museum of Oriental Art, University of Durham«, Iraq 41 (1979), S. 41–46

92. Scheil, V.: »Mélanges épigraphiques«, Mémoires de la Mission archéologique de Perse 28, Paris (1939), S. 5–9

93. Hinz, W.: »Das Reich Elam« (s. o.) S. 79–82

94. Edzard D. O.: »Kudur-Mabuk«, Reallexikon der Assyriologie und vorderasiatischen Archäologie 6/3–4 (1981), S. 5–9

95. Edzard, D. O.: »Die Zweite Zwischenzeit Babyloniens«, Wiesbaden (1957), S. 177

96. Rowton, M. B.: »Watercourses and Water Rights in the official Correspondence from Larsa and Isin«, Journal of Cuneiform Studies 21 (1967), S. 269

97. Faber, W. »Eine elamische Inschrift aus der 1. Hälfte des 2. Jahrtausends«, Zeitschrift für Assyriologie 64 (1975), S. 74–86

98. Börker-Klähn, J.: »Untersuchungen zur altelamischen Archäologie«, Dissertation philosophische Fakultät, Freie Universität Berlin (1970), S. 193 ff.

99. Dossin, G.: »Les archives économiques du palais de Mari«, Syria 20 (1939), S. 108–109; Miroschedji, P. de: »Le dieu élamite Napirisha«, Revue d'Assyriologie et d'Archéologie orientale 74 (1980), S. 139–140

100. Dossin, G.: »La route de l'étain en Mésopotamie au temps de Zimri-Lim«, Revue d'Assyriologie et d'Archéologie orientale 64 (1970), S. 97

101. Kupper, J.-R.: »Correspondance de Bahi-Lim Préfet du Palais de Mari«, Archives royales de Mari 6 (1954), S. 27

102. Birot, M.: »Lettres de Yaqqa-Addu«, Archives royales de Mari 14 (1974), S. 104

103. Dossin, G.: »Les noms d'années et d'éponymes dans les Archives de Mari«, Studia Mariana (1950), S. 55

104. Ungnad, A.: »Datenlisten«, Reallexikon der Assyriologie und vorderasiatischen Archäologie 2 (1938), S. 180

105. Hawkins, J. O.: »Idamaraz«, Reallexikon der Assyriologie und vorderasiatischen Archäologie 5/1–2 (1976), S. 28–30

106. Pezard, M.: »Mission à Bender-Bouchir, documents archéologiques et épigraphiques«, Mémoires de la Délégation en Perse 15 (1914), S. 91

107. König, F. W.: »Festschrift der Nationalbibliothek in Wien«, Wien (1926), S. 542

108. Cameron, G. G.: »History of Early Iran« (s.o.) S. 82

109. Stolper, M. W.: »Elam, Survey of Political History and Archaeology« (s.o.) S. 31–32

110. Steve, M. J.; Gasche, H.; De Meyer, L.: »La Susiane au deuxième millénaire: A propos d'une interprétation des fouilles de Suse«, Iranica Antiqua 15 (1980), S. 91–94

111. Cameron, G. G.: »History of Early Iran« (s.o.) S. 95

112. King, L. W.: »Chronicles Concerning Early Babylonian Kings«, Studies in Eastern History, London 2 (1907), S. 101

113. Labat, R.: »Elam c. 1600–1200 B.C.«, The Cambridge Ancient History, 3rd rev. ed. 2 (1963), S. 5, 8, 10

114. Stolper, M. W.: »Elam, Survey of Political History and Archaeology« (s.o.) S. 33–35

115. Herrero, P.: »Tablettes administratives de Haft Tépé«, Cahier de la Délégation archéologique Francaise en Iran 6 (1976), S. 102

116. Scheil, V.: »Documents et arguments 1–3«, Revue d'Assyriologie et d'Archéologie Orientale 26 (1929), S. 7

117. Hinz, W.: »Das Reich Elam« (s.o.) S. 92, 93, 96

118. Hinz, W.: »Humban-nimena«, Reallexikon der Assyriologie und vorderasiatischen Archäologie 4/6–7 (1975), S. 493
119. König, F. W.: »Die elamischen Königsinschriften« (s.o.) S. 66, 13 B I–III
120. Ghirshman, R.: »L'Élam et les recherches à Dur-Untash; (Chogha Zanbil)«, Iranica Antiqua 3 (1963) S. 1–21
121. Hinz, W.: »Das Reich Elam« (s.o.) S. 98–100
122. Miroschedji, P. de: »Le dieu élamite au serpent et aux eaux jaillisantes«, Iranica Antiqua 16 (1981) S. 9–11
123. Daems, A.: »The Iconography of Pre-Islamic Women in Iran«, Iranica Antiqua 36 (2001) S. 24
124. König, F. W.: »Die elamischen Königsinschriften« (s.o.) S. 72, 19
125. Hinz, W.: »Das Reich Elam« (s.o.) S.101–102
126. Cameron, G. G.: »History of Early Iran« (s.o.) S. 109, 110
127. Hinz, W.: »Das Reich Elam« (s.o.) S. 103–109
128. Stolper, M. W.: »Elam, Survey of Political History and Archaeology« (s.o.) S. 40
129. König, F. W.: »Die elamischen Königsinschriften« (s.o.) S. 84, 31
130. König, F. W.: ebenso, S. 92, 41
131. König, F. W.: ebenso, S. 114, 48b
132. König, F. W.: ebenso, S. 137, 59
133. Cameron, G. G.: »History of Early Iran« (s.o.) S. 120–121
134. König, F. W.: »Die elamischen Königsinschriften« (s.o.) S. 136, 56
135. Amiet, P.: »Elam« (s.o.) S. 392
136. Birot, M.: »Lettres de Yaqqim-Addu«, Archives royales de Mari 14 (1974) S. 124
137. Hinz, W.: »Das Reich Elam« (s.o.) S. 111–113; König, F. W.: »Die elamischen Königsinschriften« (s.o.) S. 141, 65
138. König, F. W.: »Die elamischen Königsinschriften« (s.o.) S.138, 60
139. Stolper, M. W.: »Elam, Survey of Political History and Archaeology« (s.o.) S. 42–43
140. Cameron, G. G.: »History of Early Iran« (s.o.) S. 132, 133, 135
141. König, F. W.: »Die elamischen Königsinschriften« (s.o.) S.147, 72 II
142. Luckenbill, D. D.: »Ancient Records of Assyria and Babylonia« I, 259 § 726, Chicago, 1926–27
143. Grayson, A. K.: »Assyrian and Babylonian Chronicles«, Texts from Cuneiform Sources (TCS), Locust Valley, N.Y. 5 (1975), 71 i 9
144. Hinz, W.: »Das Reich Elam« (s.o.) S. 115, 117, 118
145. Stolper, M. W.: »Elam, Survey of Political History and Archaeology« (s.o.) S. 45–49
146. König, F. W.: »Die elamischen Königsinschriften« (s.o.) S. 146, 71 A+B
147. Daems, A.: »The Iconography of Pre-Islamic Women in Iran« (s.o.) S. 37
148. Cameron, G. G.: »History of Early Iran« (s.o.) S. 161
149. Luckenbill, D. D.: »The Annals of Sennacherib«, Oriental Institute Publications 2, Chicago (1924), S. 41

150. Grayson, A. K.: »Assyrian and Babylonian Chronicles« (s. o.) 5 (1975), 80 iii 12–27
151. Hinz, W.: »Das Reich Elam« (s. o.) S. 125
152. Grayson, A. K.: »Assyrian and Babylonian Chronicles« (s. o.) 5 (1975), 82 iii 39–42
153. Grayson, A. K.: »Assyrian and Babylonian Chronicles« (s. o.) 5 (1975), 126: 16–17
154. König, F. W.: »Die elamischen Königsinschriften« (s. o.) S. 169, 78 I
155. Hinz, W.: »Das Reich Elam« (s. o.) S. 126, 131, 132 und 49
156. Piepkorn, A. C.: »Historical Prism Inscription of Ashurbanipal I«, Assyriological Studies 5, Chicago (1933), S. 60–61
157. König, F. W.: »Die elamischen Königsinschriften« (s. o.) S. 170, 80
158. König, F. W.: ebenso, S. 171, 83
159. Amiet, P.: »Elam« (s. o.) S. 566, 567, 572
160. Cameron, G. G.: »History of Early Iran« (s. o.) S. 192
161. Stolper, M. W.: »Elam, Survey of Political History and Archaeology« (s. o.) S. 51–52
162. Cameron, G. G.: »History of Early Iran« (s. o.) S. 211, 216
163. Stolper, M. W.: »Elam, Survey of Political History and Archaeology« (s. o.) S. 53, 55
164. Grayson, A. K.: »Assyrian and Babylonian Chronicles« (s. o.) 5 (1975), 88: 15–17
165. Miroschedji, P. de: »La fin de L'Élam: Essai d'analyse et d'interprétation«, Iranica Antiqua 15 (1990), 78–79
166. Kent, R. G.: »Old Persian«, American Oriental Series, New Haven, USA, 33 (1950), S. 123
167. Altheim, F.: »Hochkulturen des mittleren und östlichen Asiens«, Propyläen-Weltgeschichte Frankfurt a. M./Wien/Berlin Band 2 (1962), S. 138
168. Stolper, M. W.: »Elam, Survey of Political History and Archaeology« (s. o.) S. 57
169. Briant, P.: »État et Pasteurs au Moyen-Orient ancien«, Cambridge und Paris (1982), S. 81 ff.
170. Le Rider, G.: »Suse sous les Seleucides et les Parthes«, Mémoires de la Mission archéologique en Iran 38 (1965), S. 308, 311, 323
171. Le Rider, G.: ebenso, S. 349–351
172. Stolper, M. W.: »Elam, Survey of Political History and Archaeology« (s. o.) S. 58
173. Eygun, G.: »Les figurines humaines et animales du site néolithique de Ganj Dareh (Iran)«, Paléorient 18/1 (1992), S. 109
174. Daems, A.: »On Prehistopic Human Figurines in Iran: Current Knowledge and some Reflections«, Iranica Antiqua 39 (2004), S. 5
175. Negahban, E. O.: »Clay Human Figurines of Saghe«, Iranica Antiqua 19 (1984), S. 1–4

176. Daems, A.: »The Iconography of Pre-Islamic Women in Iran« (s.o.) S. 4
177. Amiet, P.: »Elam« (s.o.) S. 30
178. Hinz, W.: »Das Reich Elam« (s.o.) S. 134–136 (Abb. 35)
179. Porada, E.: »Die Kunst in vorislamischer Zeit«, Baden-Baden (1962), S. 21–25
180. Amiet, P.: »Elam« (s.o.) S. 69, 67
182. Carter, E. und Stolper M. W.: »Elam, Survey of Political History and Archaeology«, University of California Publications, Near Eastern Studies No. 25 Berkeley, Los Angeles, London (1984), S. 116
183. Kantor, H. J.: »The Elamite Cup from Chogha Mish«, Iran, Journal of Persian Studies (1977), S. 11
184. Amiet, P.: »Elam« (s.o.) S. 93
185. Daems, A.: »The Iconography of Pre-Islamic Women in Iran« (s.o.) S. 7
186. Amiet, P.: »Elam« (s.o.) S. 100, Abb. 55 und S. 106, Abb. 61
187. Hinz, W.: »Das Reich Elam« (s.o.) S. 137–138 und Amiet, P. »Elam« (s.o.) S. 101, Abb. 56
188. Amiet, P.: »Elam« (s.o.) S. 135 und 146, Abb. 106
189. Daems, A.: »The Iconography of Pre-Islamic Women in Iran« (s.o.) S. 21 und P. Amiet »Elam« (s.o.) S. 158
190. Amiet, P.: »Elam« (s.o.) S. 239
191. Carter, E. u. Stolper, M. W.: »Elam, Survey of Political History and Archaeology« (s.o.) S. 128
192. Amiet, P.: »Elam« (s.o.) S. 255
193. Parrot, A.: »Elam«, Archée Éditeur Auvers-sur-Oise, Frankreich (1966), S. 14
194. Amiet, P.: »Elam« (s.o.) S. 340
195. Daems, A.: »The Iconography of Pre-Islamic Women in Iran« (s.o.) S. 25
196. Dhorme, E.: »Supplément au dictionnaire de la Bible II« (1934), S. 932
197. Porada, E.: »Die Kunst in vorislamischer Zeit« (s.o.) S. 54–55
198. Daems, A.: »The Iconography of Pre-Islamic Women in Iran« (s.o.) S. 19 und Abb. 74 auf S. 98
199. Dhorme, E.: »Supplément au dictionnaire de la Bible II« (s.o.) S. 940
200. Amiet, P.: »Elam« (s.o.) S. 391
201. Amiet, P.: ebenso, S. 551
202. Boucharlat, R. und Haerinck, E.: »Das Ewig-Weibliche – Figurines on os d'epoque Parthe de Suse«, Iranica Antiqua 29 (1994), S. 197

Nachweis der Abbildungen

Die Abbildungen 26, 27, 37 und 39 wurden vom Louvre-Museum, »Le département des Antiquités orientales«, erworben.

Die Abbildungen 9 und 11 zeichnete Frau Gudrun Ulbrich (Göttingen). Die Abbildung 25 stammt aus dem Archiv des Autors.

Die Genehmigung zur Veröffentlichung der übrigen Abbildungen wurde von den im Quellenverzeichnis erwähnten wissenschaftlichen Zeitschriften und Verlagen eingeholt, mit wenigen Ausnahmen, bei denen die eingeleiteten Bemühungen nicht weiterführten.

Abb. 1   nach P. de Miroschedji in: Paléorient 4 (1978), Fig. 48
Abb. 2   nach G. Dollfus in: Paléorient 4 (1978), Fig. 1
Abb. 2a nach W. Hinz in: Das Reich Elam, Stuttgart (1964), S.59
Abb. 3   nach T. Wright in: Paléorient 11/2 (1985), S. 130
Abb. 4   nach R. Ghirshman in: Iranica Antiqua 5 (1965), Fig. 2, S. 95
Abb. 5   nach R. Ghirshman: ebenso, Fig. 3, S. 96
Abb. 6   nach J. Pullar in: Iran – Journal of the British Institut of Persian Studies (1977), Fig. 1, S. 17 (nach W. Van Zeist »Late Quaternary Vegetation History of Western Iran«, Rev. Palaeobotany and Palynology 2, 1967)
Abb. 7   nach R. de Mecquenem in: Mémoires de la Délégation en Perse 29 (1943), Fig. 18 (4), S. 23
Abb. 8   nach R. Ghirshman in: Artes Asiatiques 8 (1961), Fig. 1, S. 245
Abb. 9   nach W. Hinz in: Das Reich Elam (s.o.) Abb. 23, S. 43
Abb. 10 nach L. Le Breton in: Iraq 19 (1957), Fig. 44 (8), S. 121
Abb. 11 nach W. Hinz in: Das Reich Elam (s.o.) Abb. 16, S. 25
Abb. 12 nach W. Hinz in: Iranica Antiqua 2 (1962), S. 21
Abb. 13 nach W. Hinz: ebenso, S. 20
Abb. 14 nach V. Scheil in: Mémoires de la Délégation en Perse 6 (1905), Pl. II (2)
Abb. 15 nach V. Scheil in: Revue d'Assyriologie et d'Archéologie Orientale 22 (1925), S. 148
Abb. 16 nach V. Scheil: ebenso, S. 159
Abb. 17 nach P. de Miroschedji in: Iranica Antiqua 16 (1981), Pl. VII
Abb. 18 nach P. de Miroschedji: ebenso, Pl. VIII
Abb. 19 nach G. Lampre in: Mémoires de la Délégation en Perse 8 (1905), Pl. XV
Abb. 19a nach E. Porada in Alt-Iran, Baden-Baden 1962, Fig. 37, S. 54
Abb. 20 nach W. Hinz in: Das Reich Elam (s.o.) Tafel 23
Abb. 21 nach E. Sollberger in: Journal of Cuneiform Studies 19 (1965), S. 31
Abb. 22 nach L. Vanden Berghe in: Reliefs rupestres de l'Iran Ancien, Brussels, 1983, Pl. 1
Abb. 23 nach P. de Miroschedji in: Iranica Antiqua 25 (1990), S. 48

Abb. 24 nach V. Scheil in: Mémoires de la Délégation en Perse 11 (1911), Pl. 12, S. 76

Abb. 25 vom Verfasser aufgenommenes Foto von der Keramikschale im Louvre-Museum, Paris

Abb. 26 Foto erworben vom Louvre-Museum Paris, département des Antiquités orientales

Abb. 27 Foto erworben vom Louvre-Museum Paris, département des Antiquités orientales

Abb. 28 nach H. J. Kantor in: Iran – Journal of the British Institut of Persian Studies 15 (1977), Pl. I, S. 13

Abb. 29 nach P. Amiet in: Elam. Archée Éditeur Auvers-sur-Oise, Frankreich (1966), Fig. 48, S. 92

Abb. 30 nach E. Porada in: Journal of the American Oriental Society 7 (1950), Fig. 4

Abb. 31 nach E. Pottier in: Mémoires de la Délégation en Perse 13 (1912), Pl. XL (9)

Abb. 32 nach R. de Mecquenem in: Revue d'Assyriologie et d'Archéologie Orientale 47 (1953), Fig. 4 a, S. 81

Abb. 33 nach R. de Mecquenem in: Revue d'Assyriologie et d'Archéologie Orientale 19 (1922), Fig. 3, S. 136

Abb. 34 nach R. Ghirshman in: Arts Asiatiques 6 (1959), Fig. 7, S. 266

Abb. 35 nach R. de Mecquenem: Révue d'Assyriologie et d'Archéologie Orientale 23 (1926), Nr. 1, Pl. I

Abb. 36 nach P. Amiet in: Elam (s. o.) Fig. 311, S. 412

Abb. 37 Foto erworben vom Louvre-Museum Paris, département des Antiquités orientales

Abb. 38 nach P. Amiet in: Elam (s. o.) Fig. 316, S. 415

Abb. 39 Foto erworben vom Louvre-Museum Paris, département des Antiquités orientales

Die Abbildung auf der Umschlagrückseite (Photo Agnès Spycket) nach P. Amiet in: Elam (s. o.) Fig. 2, S. 10